Sebastian Maaß

SCHWERT UND MOHN

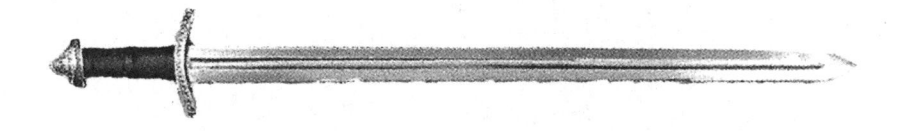

Friedrich Georg Jünger

Sebastian Maaß

SCHWERT UND MOHN

Friedrich Georg Jünger – eine politische Biographie

Mit einem Vorwort von Prof. Harald Seubert
und einer Auswahl aus Jüngers früher Publizistik

TELESMA

© Telesma-Verlag,
Treuenbrietzen 2012

Telesma-Verlag
Vogelgesangstr. 91
D-14929 Treuenbrietzen
www.telesma-verlag.de
info@telesma-verlag.de

Umschlaggestaltung: D. A. R. Sokoll (Kiel)
Satz: Holger Kliemannel, edition@roterdrache.org

Verlag und Autor danken Dr. Johannes von Reumont für seine freundliche Genehmigung zum Abdruck der in diesem Band publizierten Aufsätze Friedrich Georg Jüngers.

Alle Rechte vorbehalten. Kein Teil dieses Buches darf in irgendeiner Form (auch auszugsweise) ohne die schriftliche Genehmigung des Verlags reproduziert, vervielfältigt, in andere Sprachen übersetzt oder auf sonstige Weise verbreitet werden.

ISBN 978-3-941094-05-5

Inhalt

Vorwort von Prof. Dr. Harald Seubert   7

Biographie

1. Einleitung   15
2. Elternhaus, Kindheit und Jugend   21
3. Erster Weltkrieg und Studium   25
4. Der ‚Aufmarsch des Nationalismus'   33
5. Die Kampfbünde als Wegbereiter eines nationalen Staates?   43
6. Friedrich Hielscher: ‚Der Vormarsch' und ‚Das Reich'   53
7. Ernst Niekisch und Friedrich Georg Jünger   67
8. Dichter gegen den Nationalsozialismus   83
9. ‚Die Perfektion der Technik'   95
10. Weitere Schriften der Nachkriegszeit   101
11. Schluß   109

Anhang

Auswahl aus Friedrich Georg Jüngers politischen Schriften   113
    Die Kampfbünde (1926)   115
    Kampf! (1926)   119
    Staat und Persönlichkeit (1926)   122
    Dreikanter (1928)   125
    Revolution und Diktatur (1939)   128
    Der Mohn (1934)   132

Literaturverzeichnis   135
    I. Werke Friedrich Georg Jüngers   135
    II. Weitere Literatur   137
Über den Autor   143

Vorwort

I.

Friedrich Georg Jünger ist nicht nur einer der wichtigsten Gesprächspartner seines Bruders und anderer hoher Zelebritäten, wie Martin Heidegger, gewesen, der Jüngers Technik-Abhandlung auch im Blick auf seine eigene epochale Technik-Philosophie eingehend studierte. Er ist ein eigenständiger bedeutender Geist, im Gang des 20. Jahrhunderts. Ein zarter, subtiler, zugleich forminnovativer Lyriker, ein einfühlender Erzähler, der tiefe und plastische Einblicke in vergangene Zeitläufte geben kann, wobei diese Dimensionen seines Werkes erst in der Nachkriegszeit sich vollständig entfalten. Doch schon der junge Friedrich Georg Jünger sah sich als Dichter, als sein Bruder noch zwischen Fremdenlegion und Zoologie nach einem Weg suchte. Ernst Jünger bedurfte des Grunderlebnisses des Ersten Weltkriegs, um zu werden, der er war. Heiner Müller hat gelegentlich treffend bemerkt, daß, lange bevor Jünger Frauen zur Frage wurden, der Krieg ihn formte. Auch Friedrich Georg Jünger durchlief das Fronterlebnis. Sein literarisches Lebensthema wurde es nicht. Und schwerer als sein Bruder trug er an der Verwundung.

In der Zwischenkriegszeit gehört Friedrich Georg Jünger, was eine groß angelegte Studie von Ulrich Fröschle differenziert gezeigt hat, zu den ‚radikalen Geistern': in einem elektrisierenden Milieu unter anderem mit Ernst von Salomon, Arnolt Bronnen, aber auch dem jungen Alexander Mitscherlich verflochten. Er steht im Umkreis der Konservativen Revolution, insbesondere ihres nationalrevolutionären Flügels. Die Linke und die Rechte berührten einander seinerzeit in mitunter verblüffender Weise: strikt antiparlamentarisch orientiert, richtete man den Blick auch in die Sowjetunion, und der Phänotyp des „Arbeiters", den Ernst Jünger als Zeitsignatur exponierte, war zwar dem eigenen Anspruch gemäß vom materialistischen Kommunismus unabhängig gedacht. Gleichwohl kann man nicht leugnen, daß der „Typus" in der Sowjetunion eine Manifestation erfuhr. Friedrich Georg ging hier noch weiter: Eine Nationalrevolution, die zur Überwindung der Parteien führen sollte, schien ihm wünschenswert; und mit marxistischen Großintellektuellen wie Karl August Wittfogel und Georg Lukács studierte er die Gesetze der Planwirtschaft. Aus diesem nicht-konformen Geist heraus startete der junge Friedrich Georg Jünger, promovierter Jurist, einen fulminanten Angriff auf Thomas Mann, den das literarische Establishment erwiderte, der den Großschriftsteller aber keineswegs unbeeindruckt ließ.

Über all dies ging die Zeit hinweg. Die nationalsozialistische Machtergreifung 1933 machte in Jüngers Leben Epoche, sie setzte eine Zäsur, führte sie doch zum radikalen Rückzug aus der radikalisierten politischen Publizistik. Friedrich Georg war sich mit seinem Bruder wohl früh darin einig, daß ‚Kniebolo' Hitler und die Seinen nicht satisfaktionsfähig seien: provinziell, kleinbürgerlich; Anstoß nahm man indes auch an dem ostentativen Pazifismus in der Frühzeit der NS-Jahre. Und dann sandte er, die konkrete Zeitsignatur verschweigend, Widerstandssignale aus. Er gab ästhetisch und ethisch begründetem Widerwillen seine bleibende Form. Als Widerstandsgedicht kursierte die 1934 verfaßte Elegie ‚Der Mohn' – ein großes, in seiner Zeit einziges Gedicht, das nicht nur Thomas Mann verblüffte:

Schmerzend hallt in den Ohren der Lärm mir, mich widert der Taumel,
Widert das laute Geschrei, das sich Begeisterung nennt.

Mein Großvater Karl Seubert, Nürnberger Maler und Verleger, der dem Nationalbolschewismus und Niekisch nahestand und einer der engsten Freunde des Nürnberger Verlegers Joseph E. Drexel war, ist von diesem Gedicht nachhaltig geprägt worden.

In der Kriegszeit fand Friedrich Georg Jünger zu seiner großen zeitabgekehrten und damit zeitüberlegenen Diagnose des nivellierenden Zeitalters (Heidegger sprach später von der Epoche ‚planetarischer Technik'), in dem Transzendenz und alles höhere Leben in Nichts vergeht. Jene planetarische Gewalt reicht weiter als die totalitären Systeme. Sie nistet mitten in der irren Normalität der bürgerlichen Welt, und sie formt ein ‚Gestell' (Heidegger), das den Spielraum des Menschlichen auf Dauer vernichtet. Diese neue, metapolitische Orientierung verbindet den späteren Friedrich Georg Jünger nicht nur mit den Visionen Carl Schmitts vom Nomos der Erde, mit Ernst Jüngers Auslotungen des Waldgängers als des Anarchen, der nicht Anarchist ist, aber er berührt sich zugleich noch einmal mit der linken Technik- und Ideologiekritik von der ‚Dialektik der Aufklärung' bis zu Zygmunt Bauman. Daran sollte man nach einer Zeit denken, in der Jüngers Œuvre allzu sehr ins Vergessen versetzt wurde. Vor allem aber stehen die Analysen zur ‚Perfektion der Technik' im fulminanten Widerspruch zu jedweder Fortschrittsillusion.

All diese hier nur kurz in Erinnerung gerufenen Momente begründen wie von selbst, daß Friedrich Georg Jünger erinnernswert ist, wenn man an die Zeit zwischen den Großen Kriegen und großen Zusammenbrüchen denkt; ein konservativer Revolutionär und Nationalbolschewist, radikal wie kaum ein zweiter, dem überdies die diagnostische Kraft des philosophischen Schriftstellers ebenso gegeben war wie dichterische Prägnanz. In der ersten Zeit nach 1945 mit diversen Preisen gewürdigt, doch nie ein Erfolgsautor wie der ältere Bruder (den Lebensunterhalt besorgte die Ehefrau Citta mit ihrem Ladengeschäft an der Überlinger Seepromenade), in den sechziger Jahren zu Unrecht vom Zeitgeist für anachronistisch erklärt und in die Vergessenheit gedrängt.

Friedrich Georg Jünger war indes nicht nur Diagnostiker seiner Zeit. In der landschaftlichen Stille am Bodensee, in der Nähe des Ortes, wo die Brüder Stauffenberg und andere George-Schüler mit ihrem Delphin-Verlag die Verbindung zwischen dem Georgekreis und dem ‚geheimen', inneren Deutschland geknüpft hatten, beschwor er die Gegenkraft der ‚Mythe': die Wiederkehr des Immergleichen, den Fluchtpunkt aus der Geschichte. Im Sinne der Typologie Armin Mohlers wäre dies der Punkt, an dem Jünger einer bestimmenden Gedankenfigur der Konservativen Revolution noch in der Abkehr verpflichtet bleibt. Ebenso wie er Parlamentarismus und Liberalismus zeitlebens fernstand, war seinem Denken auch ein teleologisches und christlich-eschatologisches Geschichtsverständnis diametral entgegengesetzt.

Doch Jüngers Denk-Vita zeigt auch, wie sich Kairos, Geschichte und die Linienführungen der Wiederkehr berühren. Den griechischen Mythen und dem Verhältnis von Orient und Okzident jedenfalls widmete er ingeniöse Essays und Nacherzählungen, ebenso wie er Autor eines bemerkenswerten Nietzsche-Buches ist und darin dem Denker der ewigen Wiederkehr Referenz zollt; übrigens war die Wiederkehr jenes Denkbild, das in der NS-Deutung Nietzsches nicht vorkommen durfte.

Die Lyrik war wohl seine eigentliche Form: Er evozierte die Weinberghäuser um den Bodensee ebenso wie ferner liegende Weltgegenden: Missouri, Griechenland, den Westwind. Als Prosaautor fand er in Erinnerungstexten zu seinen höchsten Möglichkeiten – ich nenne nur die Titel ‚Gedächtnis und Erinnerung' (1957) und ‚Spiegel der Jahre' (1958).

II.

Mittlerweile liegen u.a. von Ulrich Fröschle und Daniel Morat veritable Forschungsarbeiten vor. Und es ist hohe Zeit, daß Jünger auch für breitere Leserkreise neu erschlossen und dem Vergessen entrissen wird. Hier bestand eine Lücke, die nun in überzeugender Weise geschlossen wird. Sebastian Maaß hat sich des Lebens und Werks dieses Autors angenommen und es in einer knappen und weiterem Studium den Weg ebnenden Einführung dargestellt. Dies ist ein Genre, das Maaß meisterlich beherrscht und in dem er – bereits mit Anfang dreißig – eine Reihe gelungener Monographien, insbesondere zu Autoren aus dem Umkreis der Konservativen Revolution, publiziert hat. Maaß vermag umsichtig und pointiert darzustellen und zu bündeln; sein Stil ist verständlich, abwägend. Dabei geht er aber auch *ad fontes*. Das Buch schöpft nicht nur differenziert aus der Forschungsliteratur, es beruht auch auf Quellenstudien. Es wirkt leichter als es ist.

Man nähert sich mit Maaß' Buch einer Epoche, die fern ist und deren Probleme und Verwerfungen doch, bei näherem Hinsehen, in unsere Zeitläufte verweisen – nachdem die eisernen Bande des totalitären Zeitalters aufgebrochen sind und ebenso die Frontstellung des Kalten Krieges der Vergangenheit angehört –, wohl am besten im Rückgriff auf Nietzsches drei Formen der Historie: Es bedarf der Kritik, einer Scheidekunst, die das unwiederbringlich Vergangene konservativer Revolution von dem Bedenkenswerten sondert; es bedarf zum zweiten der antiquarischen Historie, um Dokumente, die mitunter seit Jahrzehnten nicht genutzt und ausgewertet worden sind, weiter zu tradieren und um mit ihnen zu arbeiten; und es bedarf schließlich der monumentalischen Dimension (von *monere* ‚erinnern'), um das zu bewahren, was gute Chancen hat, die gegenwärtigen und jüngst vergangenen Aktualitäten zu überdauern. All diese Momente wird man bei Maaß finden. Er verbindet die kluge Abwägung des Historikers, der sich mit nichts und niemandem vorschnell identifiziert, mit einer grundsätzlichen, keineswegs aber unkritischen Sympathie.

Der Sache gemäß liegt der Schwerpunkt des Buches auf der nationalrevolutionären Phase Jüngers und seinem Ort innerhalb der Konservativen Revolution. Differenziert wird die Publizistik rekonstruiert und dabei nicht verschwiegen, daß Jünger letzte Originalität auf diesem Feld versagt war. Ihm fehlte der heroische Nimbus des Bruders in den bellizistischen Evokationen, ihm ging die Unterscheidungsvirtuosität von Carl Schmitt ab, wenn er sich gegen den liberalistischen Parlamentarismus wandte und diesem gegenüber eine originäre Demokratie verteidigte. Defizite machte er durch Radikalität wett, und Maaß zeigt zutreffend, daß darin auch ein Gran Aggression gelegen haben wird. Besonders aufschlußreich sind die Darstellungen der Zwischenkriegszeit, da sie die Zeitungs- und Zeitschriften-Konstellationen und die persönlichen Bezüge von Jünger vorbildlich knapp und klar ins Auge fassen: Ich mache nur auf die

Skizzen über Friedrich Hielscher, Ernst Nieckisch und einen umfangreichen, 1945 wohl von Jünger selbst vernichteten Briefwechsel mit Alfred Baeumler aufmerksam. Doch auch der „Dichter gegen den Nationalsozialismus" und der in die Tiefe dringende Technik- und Zivilisationskritiker werden souverän vor Augen geführt.

Aufgrund all dieser Vorzüge sind dieser schmalen, aber ungemein hilfreichen Einführung in Leben und Werk Jüngers viele Leser zu wünschen, die auf diese Weise Friedrich Georg Jünger näher kennenlernen werden – und mit ihm die vielfachen Verschlingungen zwischen Rechts und Links in der Zwischenkriegszeit und zugleich die Versuche, aus diesen Verstrickungen ins Freie zu kommen. Darin liegen tatsächlich Schicksalsverknotungen, die Deutschland und Europa bis heute bestimmen. Friedrich Georg Jünger ist nicht nur als einer der ersten Denker der ökologischen Krise von Bedeutung, ein viel radikalerer übrigens als spätere linke Epigonen, sondern als Unzeitgemäßer, der nach wie vor, im Zeitalter der globalen ‚Einen Welt' und der Entstaatlichung, an der Zeit ist.

Nürnberg und München, im Juli 2012
Harald Seubert

Biographie

1 Einleitung

Heutzutage trifft man nicht selten auf die Annahme, Umweltschutz sei immer schon ein Thema gewesen, das mit der politischen Linken untrennbar verbunden sei. Ein Blick auf die historischen Fakten zeigt jedoch ein anderes Bild. So läßt sich nicht bestreiten, daß 1946 bei dem rechtsstehenden Lyriker und Essayisten Friedrich Georg Jünger, wie schon Armin Mohler richtig erkannte, alle wesentlichen „Kernargumente der späteren ökologischen Bewegung vorhanden sind."[1]

Doch heute ist F.G. Jünger, dessen technikkritisches Hauptwerk „Die Perfektion der Technik"[2] (1946) in der unmittelbaren Nachkriegszeit zu heftigen Kontroversen führte, weitgehend der Vergessenheit anheimgefallen. Dies hat seine Ursache wohl auch darin, daß er zeitlebens im Schatten seines berühmten Bruders Ernst Jünger stand. In der Tat läßt sich in bezug auf F.G. Jüngers nationalrevolutionäre Frühphase, die er mit dem Buch „Aufmarsch des Nationalismus"[3] (1926) einleitete, feststellen, daß er bestrebt war, seinem älteren Bruder nachzueifern. Doch kristallisierte sich sukzessive ein eigener unverkennbarer Stil heraus, der spätestens seit seiner inneren Emigration ab 1933 voll ausgeprägt war.

Trotz seiner Abneigung gegen die nationalsozialistische Diktatur konnte er sich auch mit der bundesrepublikanischen Demokratie nie wirklich anfreunden. Insofern steht sein Leben für eine facettenreiche Opposition gegen liberale und totalitäre Herrschaftssysteme, der in nachfolgender Studie nachzugehen sein wird.

Armin Mohler zählte F.G. Jünger neben Persönlichkeiten wie Oswald Spengler, Thomas Mann, Carl Schmitt, Hans Blüher und Ernst Jünger zu den „herausragenden Autoren" der Konservativen Revolution. Der Terminus der Konservativen Revolution, welcher 1950 von Mohler in seiner richtungsweisenden Dissertation „Die konservative Revolution in Deutschland 1918 – 1932"[4] in den wissenschaftlichen Diskurs eingeführt wurde, hat sich trotz einiger Widerstände heute weitgehend durchgesetzt.

---

[1] Armin Mohler: *Wider die All-Gemeinheiten oder das Besondere ist das Wirkliche*, Krefeld 1981.
[2] Friedrich Georg Jünger: *Die Perfektion der Technik*, Frankfurt/Main 1946.
[3] Friedrich Georg Jünger: *Aufmarsch des Nationalismus*, hrsg. von Ernst Jünger, Berlin 1926.
[4] Armin Mohler: *Die Konservative Revolution in Deutschland 1918 – 1932. Grundriß ihrer Weltanschauungen*, Stuttgart 1950 [zugleich: Dissertation an der Universität Basel 1949].

Unter der Konservativen Revolution verstand Mohler „jene geistige Erneuerungsbewegung, welche das vom 19. Jahrhundert hinterlassene Trümmerfeld aufzuräumen und eine neue Ordnung des Lebens zu schaffen sucht."[5] Den Nationalsozialismus hingegen interpretierte er als eine politische Erscheinung, die von der Konservativen Revolution trotz gewisser Schnittmengen grundsätzlich zu unterscheiden sei.

Doch was waren laut Mohler die Alleinstellungsmerkmale der Konservativen Revolution? Als Hauptleitbild führte er das „Weltbild der ewigen Wiederkehr" an, das dem linearen Geschichtsbild des Christentums, dem liberalen Fortschrittsglauben und marxistischen Heilslehren gleichermaßen konträr gegenüberstehe. Des weiteren hätten die Konservativen Revolutionäre im Sinne Friedrich Nietzsches die Überzeugung geteilt, daß die Verdrängung der zyklischen Weltsicht durch das fortschrittsorientierte Christentum einen Nihilismus hervorgerufen habe, der nur durch eine „epochale Wende" beseitigt werden könne.

Die nicht zu leugnende Verknüpfung von linearem Denken und christlicher Heilslehre, die eine gerade Linie zwischen der Kreuzigung Christi und dem Jüngsten Gericht zieht, verleitete Mohler zu der provokanten These einer Gegensätzlichkeit von Konservativer Revolution und Christentum. Die Kritik von prominenter Seite ließ verständlicherweise nicht auf sich warten. So meinte beispielsweise Hans Zehrer, „daß das Konservative ohne das Christentum der Dame ohne Unterleib ähnelt"[6], und auch Wilhelm Stapel unterzog die Dissertation einer grundlegenden Kritik.[7] Der Verfasser dieser Studie hat in jüngerer Zeit eine Buchreihe über die jungkonservativen Persönlichkeiten Edgar Julius Jung[8], Arthur Moeller van den Bruck[9], Othmar Spann[10] und Wilhelm Stapel[11] veröf-

---

[5] Armin Mohler: *Die Konservative Revolution in Deutschland 1918 – 1932. Ein Handbuch*, 5. Auflage, Graz 1999 [1. Aufl. 1950].

[6] Vgl. Armin Mohler (Hrsg.): *Carl Schmitt – Briefwechsel mit einem seiner Schüler*, Berlin 1995, S. 87.

[7] Wilhelm Stapel: „Kann ein Konservativer Gegner des Christentums sein?" In: *Deutsches Pfarrerblatt*, 1950, 51. Jg., S. 323 – 332.

[8] Sebastian Maaß: *Die andere deutsche Revolution. Edgar Julius Jung und die metaphysischen Grundlagen der Konservativen Revolution*, Kiel 2009.

[9] Sebastian Maaß: *Kämpfer um ein drittes Reich. Arthur Moeller van den Bruck und sein Kreis*, Kiel 2010.

[10] Sebastian Maaß: *Dritter Weg und wahrer Staat. Othmar Spann – Ideengeber der Konservativen Revolution*, Kiel 2010.

fentlicht, anhand derer der Kern und gleichermaßen auch die Problematik von Mohlers Thesen herausgearbeitet wurde. So konnte in der Tat gezeigt werden, daß die Denkfigur der ewigen Wiederkehr, neben weiteren zentralen Gedanken Nietzsches, innerhalb der untersuchten Ideenbewegung eine maßgebliche Rolle einnahm. Das Christentum hingegen zeigte sich als ein Element, das nicht zwangsläufig mit dem konservativ-revolutionären Weltbild in Konflikt geraten muß. Die Unvereinbarkeit eines antiliberalen Konservatismus mit einem modernen Christentum, das an einen allgemeinen Menschheitsfortschritt glaubt, konnte aber zweifelsfrei nachgewiesen werden. Insofern ist Mohlers Interpretation, wenn auch in modifizierter Form, nach wie vor tragfähig.

Der sicher größte Verdienst Mohlers aber war die Erstellung einer umfangreichen Bibliographie, die zahlreiche konservativ-revolutionäre Denker der Vergessenheit entriß und die Detailforschung der letzten Jahrzehnte erst ermöglichte.

Ebenfalls hilfreich war seine Einteilung in fünf Gruppen (völkische, jungkonservative, nationalrevolutionäre und bündische Autoren sowie die Vertreter der Landvolk-Bewegung), die Ordnung in das weltanschauliche Wirrwarr der Zwischenkriegszeit brachte. Im Jahre 2005 wurde Mohlers in einzelnen Zügen nicht mehr ganz aktuelle Werk von dem Historiker Karlheinz Weißmann vollständig überarbeitet und auf den neuesten Stand der Forschung gebracht.[12]

Friedrich Georg Jünger schloß sich nach dem Ersten Weltkrieg dem nationalrevolutionären Zweig der Konservativen Revolution an. Die Nationalrevolutionäre zählten zum überwiegenden Teil zur Frontgeneration, waren also zwischen 1890 und 1905 geboren und hatten bei Ausbruch des Krieges noch nicht die Möglichkeit gehabt, sich in die bürgerliche Welt einzuleben. Während die Jungkonservativen durchaus noch in der traditionellen Welt verwurzelt waren, hatten die Vertreter des „soldatischen Nationalismus" jegliche Bindung an das Althergebrachte verloren. Als eigentliche Träger des „deutschen Nihilismus" strebten sie nach einer radikalen Beschleunigung des die alte Ordnung auflösenden zivilisatorischen Prozesses. Erst nach der totalen Vernichtung der verhaßten bürgerlichen Welt, so hofften sie, würde der Weg für einen umfassenden

---

[11] Sebastian Maaß: *Starker Staat und Imperium Teutonicum. Wilhelm Stapel, Carl Schmitt und der Hamburger Kreis*, Kiel 2011.

[12] Armin Mohler/Karlheinz Weißmann: *Die Konservative Revolution in Deutschland 1918 – 1932. Ein Handbuch*, 6. völlig überarbeitete und erweiterte Auflage, Graz 2005.

Neubau von Staat und Gesellschaft offenstehen. Das Kriegserlebnis mit seiner oft beschriebenen Erfahrung von Kameradschaft angesichts des Todes und die klaren Hierarchien der Kampfverbände wurden zum Vorbild für die angestrebte Umgestaltung der zivilen Welt. In den Schützengräben und Materialschlachten der Westfront war es zu einer Relativierung der Klassengegensätze gekommen. Soldaten und Offiziere hatten in gleichem Umfang unter den Bedingungen des Krieges zu leiden gehabt. Von daher war es nur folgerichtig, daß die Nationalrevolutionäre nach Beendigung der Kampfhandlungen damit begannen, sozialreformerische Bestrebungen auf ihre Agenda zu setzen und den Kapitalismus grundsätzlich infrage zu stellen. Waren es schließlich nicht die Krämer und Spekulanten gewesen, die als Daheimgebliebene keine Chance ausgelassen hatten, sich zu bereichern? Die antikapitalistische Stoßrichtung äußerte sich darin, daß eine Synthese von Nationalismus und Sozialismus propagiert wurde – ein Denkmuster, wie es in ähnlicher Weise auch im linken Flügel des Nationalsozialismus (Gregor Strasser) aufkam.

Die literaturwissenschaftliche Beschäftigung mit F.G. Jünger setzte recht früh ein. Bereits 1958 erschien zu seinem 60. Geburtstag eine Festschrift[13], in der Benno von Wiese eine „Rede auf Friedrich Georg Jünger" publizierte und Armin Mohler eine Bibliographie vorlegte. Es war ohne Zweifel ein Verdienst Mohlers, neuerlich auf F.G. Jünger, der seit dem publizistischen Erfolg seiner ‚Perfektion der Technik' wieder in den Schatten des älteren Bruders zurückgetreten war, hingewiesen zu haben. In der nachfolgenden Studie wird aufzuzeigen sein, weshalb sich Mohler, der sich so stark für „Dritte Wege" – also für Alternativen jenseits der schematischen Entgegensetzungen von Kapitalismus und Kommunismus oder Tradition und Modernismus – interessierte, gerade so intensiv mit dem Jüngeren der beiden Jünger-Brüder beschäftigt hat.

Ein Teil des Werkes von F.G. Jünger war lange Zeit nur schwer erschließbar, weil er in seiner frühen Schaffensphase hauptsächlich in – oft sehr kurzlebigen – Zeitschriften publiziert hat, die heute zum Teil kaum noch zugänglich sind. Licht in dieses Dunkel brachte 1998 der Literaturwissenschaftler Ulrich Fröschle mit einem kommentierten Verzeichnis[14] von Jüngers Schriften. Im Jahre 2000

---

[13] Armin Mohler/Benno von Wiese: *Friedrich Georg Jünger zum 60. Geburtstag*, 1. September 1958.

[14] Ulrich Fröschle: *Friedrich Georg Jünger (1898 – 1977). Kommentiertes Verzeichnis seiner Schriften*, Marbach/Neckar 1998.

folgte eine gehaltvolle Magisterarbeit von Ralf Heyer, die insbesondere die Technikkritik F.G. Jüngers in den Blick nahm. 2007 erschien sodann im Wiener Karolinger Verlag Andreas Geyers Werkbiographie,[15] die einen hervorragenden Überblick über die wichtigsten Aufsätze und Bücher F.G. Jüngers bietet. Im selben Jahr veröffentlichte Daniel Morat eine Dissertation,[16] die dadurch hervorsticht, daß auf der Basis von tiefgehender Textkenntnis und umfassenden Archivstudien die Denkentwicklungen von F.G. Jünger, E. Jünger und Martin Heidegger nachgezeichnet werden. Den bisherigen Höhepunkt der F.G. Jünger-Forschung aber stellt die 2008 erschienene monumentale Dissertation[17] von Ulrich Fröschle dar, die sich auf Jüngers Wirken in der Weimarer Republik konzentriert.

Die vorliegende Studie wird sich ebenfalls auf das politische Wirken F.G. Jüngers konzentrieren, das überwiegend in der Zwischenkriegszeit zur Entfaltung kam. Dabei sollen die Grundzüge und die Entwicklung seiner konservativ-revolutionären Weltanschauung dargestellt und analysiert werden. Es wird aufgezeigt werden, inwiefern seine politische Weltsicht mit dem nationalsozialistischen Totalitarismus in Konflikt geriet und inwiefern seine nonkonformistischen Standpunkte dem bundesrepublikanischen Zeitgeist zuwiderliefen. Hauptzielsetzung wird sein, die programmatischen und biographischen Mosaiksteinchen seines Lebens zusammenzusetzen, um damit Leben und Werk eines unangepaßten Schriftstellers überblicksartig begreifbar zu machen.

---

[15] Andreas Geyer: *Friedrich Georg Jünger: Werk und Leben*, Wien 2007.
[16] Daniel Morat: *Von der Tat zur Gelassenheit. Konservatives Denken bei Martin Heidegger, Ernst Jünger und Friedrich Georg Jünger 1920 – 1960*, Göttingen 2007.
[17] Ulrich Fröschle: *Friedrich Georg Jünger und der „radikale Geist". Eine Fallstudie zum literarischen Radikalismus der Zwischenkriegszeit*, Dresden 2008.

2   Elternhaus, Kindheit und Jugend

Friedrich Georg Jünger wurde als zweites Kind von Ernst Georg Jünger und Karoline Jünger, geb. Lampl, am 1. September 1898 in Hannover geboren. 1951 und 1958 veröffentlichte er die autobiographischen Erinnerungsbücher ‚Grüne Zweige'[18] und ‚Spiegel der Jahre'[19], die Einblicke in sein Leben ermöglichen. Detaillierte biographische Informationen finden sich auch im bereits erwähnten Buch von Ulrich Fröschle: ‚Friedrich Georg Jünger und der „radikale Geist"'.

Jünger entstammte einem wohlsituierten Hause, was ihm eine sorglose Kindheit ermöglichte.[20] Sein Vater (geb. 1868) promovierte nach seinem Chemie-Studium im Jahre 1895 mit einer Arbeit über ‚Synthesen in der m-Terpenreihe' zum Dr. phil. Anschließend war er als Gerichts- und Handelschemiker, als Inhaber einer eigenen Apotheke und im Kali-Bergbau tätig. In der Zeit vor dem Ersten Weltkrieg hatte er ein beachtliches Vermögen erworben, weshalb er sich dazu entschließen konnte, sich zur Ruhe zu setzen und nur noch seinen Neigungen zu widmen. Diese Pläne wurden nach 1918 durchkreuzt, als die miserable wirtschaftliche Lage Ernst Georg Jünger zwang, sich wieder als Apotheker zu betätigen. Neben seinem später berühmten Bruder Ernst hatte F.G. Jünger noch mehrere jüngere Geschwister: Johanna Hermine (1899 – 1984), Hans Otto (1905 – 1976) und Wolfgang (1908 – 1975). Zwei weitere Söhne (Hermann und Felix) verstarben bereits im frühen Kindesalter. Der musikalisch und mathematisch hochbegabte Hans Otto wurde Physiker, berechnete im Zweiten Weltkrieg die Flugbahnen für die Vergeltungsraketen und wurde darüber hinaus als Primzahlenforscher bekannt. Wolfgang machte sich als Geograph einen Namen und veröffentlichte 1940 das Sachbuch ‚Kampf um Kautschuk'.[21] Später gingen die Geschwister weitgehend getrennte Wege. Nur Ernst und Friedrich Georg hielten stets Kontakt und blieben in enger Freundschaft verbunden.

---

[18] Friedrich Georg Jünger: *Grüne Zweige. Ein Erinnerungsbuch*, 2. Auflage, Stuttgart 1978 [1. Auflage: 1951].

[19] Friedrich Georg *Jünger: Spiegel der Jahre. Erinnerungen*, 2. Auflage, Stuttgart 1980 [1. Auflage: 1958].

[20] Vgl. Helmuth Kiesel: *Ernst Jünger. Die Biographie*, München 2007, S. 32 ff.

[21] Wolfgang Jünger: *Kampf um Kautschuk*, Leipzig 1940.

1902 war die Familie von Hannover nach Schwarzenberg (Erzgebirge) umgezogen, wo der Vater eine Apotheke gekauft hatte. Für die beiden Brüder stellte der Ortswechsel sowohl aufgrund des ungewohnten sächsischen Dialektes als auch landschaftlich eine Zäsur dar.[22] Sie wohnten in einem großen, uralten und verwinkelten Haus, in dem in vorreformatorischer Zeit ein Kloster beherbergt war. In den Speichern und Kellergewölben, in denen die Kinder Geister und Zwerge vermuteten, unternahm Friedrich Georg Jünger seine ersten Entdeckungstouren. Die Eltern hatten nur wenig Zeit für ihre Kinder: Der Vater war sehr oft geschäftlich unterwegs, und auch die Mutter ließ es sich nicht nehmen, oft zu verreisen. Ein Kindermädchen kümmerte sich in dieser Zeit um Ernst und Friedrich Georg. Der älteste Bruder hatte große Schwierigkeiten, sich in der neuen Umgebung zurechtzufinden und den Regeln des Schulsystems zu fügen, weshalb er zu den Großeltern nach Hannover geschickt wurde. Auch nach dem Tod des Großvaters im Jahre 1904 durfte er nicht nach Schwarzenberg zurückkehren, sondern der Vater schickte ihn in eine Schule in Schneeberg, wo er in einem Schülerpensionat untergebracht war. Friedrich Georg scheint hingegen eine behütetere Kindheit verlebt zu haben, wie sich seinen autobiographischen Erinnerungen entnehmen läßt. Doch bewegten sich seine schulischen Leistungen auch nur im mittelmäßigen Bereich.[23] Zumindest in den Schulferien hatten die Brüder die Möglichkeit, Zeit miteinander zu verbringen. Ernst, der sich auch in die Schneeberger Schule nicht integrieren wollte, unternahm mit Friedrich Georg ausgedehnte Streifzüge in die Umgebung des Elternhauses. Dabei gebärdete er sich als Anführer, der seinen kleinen Bruder und zwei Nachbarskinder herumkommandierte. In ‚Grüne Zweige' berichtete F.G. Jünger, wie es ihnen in dieser Zeit Freude bereitete, Steine die Abhänge herunter rollen zu lassen, was nicht selten „ungeahnte Zerstörungen" zur Folge hatte.

Ernst Georg Jünger hatte niemals vorgehabt, sich dauerhaft in Schwarzenberg anzusiedeln. Nachdem er die Apotheke mit einem Gewinn von 320 000 Mark verkauft hatte, zog die Familie 1905 zurück nach Hannover. Doch erst im Alter von 13 Jahren sollte E. Jünger wieder in sein Elternhaus zurückkehren. Ein Jahr zuvor (1907) war es zu einem erneuten Umzug gekommen: Der Vater hatte für 120 000 Reichsmark eine Villa in Rehburg-Stadt am Steinhuder Meer erwor-

---

[22] Vgl. Heimo Schwilk: *Ernst Jünger. Ein Jahrhundertleben. Die Biographie*, München 2007, S. 48 ff.

[23] Vgl. Fröschle: *Friedrich Georg Jünger und der „radikale Geist"*, S. 83 f.

ben. Die Erlebnisse, welche die Brüder in dem beeindruckenden Naturpark machten, schildert Friedrich Georg ausführlich in seinen autobiographischen Erinnerungen. Bald kannten die Kinder jeden Winkel der das Elternhaus umgebenden Landschaft mit ihren Bächen, Wiesen und dem nicht ganz ungefährlichen Moor. Es scheint fast so, als hätten sich die Geschwister fernab von allen bürgerlichen Zwängen in der unberührten Natur eine Gegenwelt aufgebaut, in der sie ein gewisses Maß an Selbstbestimmtheit erlangten. In diesen Rahmen paßt auch, daß die Brüder 1911 dem Altwandervogel, einer um die Jahrhundertwende gegründeten bündischen Gruppierung, beitraten. Deren Zielsetzungen waren mannigfaltig; so wollten die jungen Leute auf gemeinsamen Wanderungen der Enge der bürgerlichen Welt entkommen, jenseits des Großstadt-Rummels wieder zurück zur Natur finden und ihre körperliche Leistungsfähigkeit erproben. Nicht zuletzt spielte die Suche nach dem Abenteuer eine wichtige Rolle. Besonders der unangepaßte Ernst litt anscheinend sehr unter der bürgerlichen Behaglichkeit der wilhelminischen Epoche und den strengen Vorgaben der Erwachsenenwelt. Bei einer Wanderung durch die Lüneburger Heide versuchte er, Friedrich Georg zu einem „freien Wanderleben" zu überreden. Dieser brachte jedoch nicht den Mut zu solch einem Ausbruch auf und war auch noch zu jung für derartige Unternehmungen. Auch wenn die Abenteuer von ‚Robinson Crusoe' ihn seit langem begeisterten, war er viel zu vernünftig, um radikale Schritte zu wagen. Bei Ernst blieb es hingegen nicht bei bloßen Schwärmereien: Am 3. November 1913 trat er in Verdun in die Fremdenlegion ein und wurde anschließend nach Afrika geschickt. Kurz darauf versuchte er, mit einem Freund zu entkommen, um sich in die Urwälder Zentral-Afrikas abzusetzen. Nachdem dieses Abenteuer kläglich gescheitert war, gelang es seinem Vater, ihn gegen Ende des Jahres nach Deutschland zurückzuholen. F.G. Jünger vermerkte hierzu in seinen Erinnerungen: „Nie sah ich ihn so wohlgenährt wie damals. Er war brauner und kräftiger geworden. Ein fremder Geruch kam mit ihm, offenbar der Geruch eines anderen Erdteiles, ein afrikanischer Geruch. Er rauchte Tabak von einem mir neuen Aroma, das mir, obwohl ich stark erkältet war, fremdartig in die Nase drang. Noch heute, wenn ich erkältet bin und Tabakrauch rieche, taucht sofort die Erinnerung an den Abend auf, an dem wir uns in unserem gemeinsamen Schlafzimmer über seine Abenteuer unterhielten."[24] Die Unternehmung seines älteren Bruders hatte ihn zweifellos beeindruckt. Im Anschluß planten die Geschwister eine Wanderung durch die

---

[24] Jünger: *Grüne Zweige*, S. 120 f.

Karpaten, wovon sich F.G. Jünger vermutlich erhoffte, ebenfalls in den Genuß von Gefahr und Wildnis zu kommen. Die Reise sollte jedoch durch den Ausbruch des Ersten Weltkrieges verhindert werden.

3   Erster Weltkrieg und Studium

Am 28. Juni 1914 wurde der österreichisch-ungarische Thronfolger Franz Ferdinand bei einem Attentat in Sarajevo von einem serbischen Nationalisten ermordet. Friedrich Georg Jünger erfuhr davon, als er sich gerade in einem Zug befand, der ihn von der Schule nach Hause brachte. Ein Reisender betrat das Abteil und sagte mit ernster Stimme: „Kinder, das bedeutet Krieg".[25] Dem Sechzehnjährigen, der sich bis dahin noch nicht mit österreichischen Erzherzögen und der Situation auf dem Balkan beschäftigt hatte, war es zum damaligen Zeitpunkt nicht möglich, die Folgen des Attentats abzuschätzen. Dennoch registrierte er unmittelbar die Unruhe, die sich unter den Reisenden ausbreitete. Trotz der allgemein wahrnehmbaren Anspannung entschloß sich die Familie zu einem Urlaub auf der Nordseeinsel Juist. Dort verbrachte Jünger eine unbeschwerte und erholsame Zeit: „Ich ging die ganze Insel ab, badete eifrig und lag in den Dünen. Die blühenden Gräser strömten einen Duft aus, der so süß und aromatisch wie Honig war."[26]

Als Österreich-Ungarn am 28. Juli 1914 Serbien den Krieg erklärte, worauf auch Deutschland und Rußland in den Krieg eintraten, sollte diese Idylle durch das hektische Treiben der allgemeinen Mobilmachung abgelöst werden. Zurück im elterlichen Heim war Jünger zunächst von der friedlichen Atmosphäre erstaunt, die im krassen Gegensatz zum Trubel der Mobilmachung stand. Doch bald mußte auch er zur Kenntnis nehmen, daß der Beginn des Krieges ein folgenreiches Ereignis darstellte: „Damals schien mir, daß der Krieg an dem Leben, das wir führten, wenig oder nichts umwandelte. Welche Täuschung! Bald zeigte sich, daß es nichts gab, was er nicht verändert hätte."[27] Sein Bruder Ernst Jünger hatte sich am 3. August 1914 zur Kaserne des 74. Infanterie-Regimentes in Hannover begeben, um sich als Kriegsfreiwilliger zu melden. Aufgrund des großen Andrangs wurde er jedoch vorerst abgewiesen. Erst drei Tage später wurde er in das benachbarte Füsilier-Regiment „Generalfeldmarschall Prinz Albrecht von Preußen Nr. 73" aufgenommen.

---

[25] Vgl. ebd. S. 122.
[26] Ebd. S. 123.
[27] Ebd. S. 124.

Während E. Jünger für seinen Einsatz an der Westfront ausgebildet wurde, ging für F.G. Jünger der Alltag vorerst weiter. So bereitete er sich in Wunstorf und seit 1915 in Detmold, wo er das Leopoldinum besuchte, auf sein Abitur vor. Die allgemeine Kriegsbegeisterung, die zumindest im Sommer 1914 vorherrschte, klammerte F.G. Jünger in seinen autobiographischen Aufzeichnungen aus. Fest steht aber, daß er sich 1916, ohne über ein Reifezeugnis zu verfügen, als Freiwilliger beim selben Regiment, in dem bereits sein Bruder diente, meldete. Aufgrund einer behördlichen Sondergenehmigung für Kriegsfreiwillige war er vorzeitig in die Oberprima versetzt worden. Erst nach dem Krieg, am 28. März 1919, sollte ihm das Zeugnis der Reife ohne Prüfung zuerkannt werden. Zumindest machte er bezüglich seiner Beweggründe eine Andeutung: „Eine Unruhe, für die ich keinen Namen fand und die ich nicht besänftigen konnte, ergriff mich damals. Bald war die Angst in mir, etwas zu versäumen, das ich doch nicht nennen konnte, bald setzte mir eine tiefe Bangigkeit zu. Meine Tage schienen mir lang und dumpf zu sein, als wäre ich in einen Zwinger eingeschlossen."[28]

Seine ersten Empfindungen beim Betreten der Kaserne in Hannover, die im Erinnerungsbuch ‚Grüne Zweige' geschildert sind, erwecken nicht gerade den Eindruck, daß der Autor mit großer Begeisterung an seine neue Aufgabe gegangen ist. So bemerkt er, daß ihn unwillkürlich die Sehnsucht nach der sommerlichen Landschaft seines Heimatortes überkommen habe. Dies will so gar nicht mit der kriegerischen Emphase seiner nationalistischen Publizistik, die er nach 1918 entfaltete, zusammenpassen. Insofern drängt sich der Verdacht auf, daß seine autobiographischen Schriften nur bedingt die ursprüngliche Realität widerspiegeln. Deutlich ist das Bemühen erkennbar, die politisch-weltanschaulichen Aspekte ebenso wie die irrationalen Beweggründe seines Handelns zu verschweigen oder herunterzuspielen. Denn eines ist sicher: F.G. Jüngers Entschluß, seine schulische Laufbahn vorzeitig zu beenden und sich als Freiwilliger den Gefahren der Westfront auszusetzen, kann sicher nicht ausschließlich aus einem diffusen Gefühl, „irgend etwas zu verpassen", resultieren. Nicht unwesentliche Impulse scheinen wohl vom Vater, der das schulische Scheitern seines Sohnes fürchten mußte, ausgegangen zu sein. F.G. Jünger gab selbst in seiner geschönten autobiographischen Schrift ‚Grüne Zweige' zu, während seiner Abschlußvorbereitungen ein „Doppelleben" geführt zu haben, das sich unter anderem in durchwachten Nächten und ausgiebigem Alkoholkonsum äußerte.

---

[28] Ebd. S. 143 f.

Seit 1915 begann F.G. Jünger verstärkt als Dichter in Erscheinung zu treten. Aus dieser Zeit sind auch erste Gedichte überliefert, die er mittels Feldpost zur Begutachtung an seinen Bruder sandte.[29] Sie handeln von fernen und exotischen Landschaften; politische Motive sind in ihnen nicht auszumachen.

F.G. Jünger scheint durchaus Gefallen an der militärischen Ausbildung gefunden zu haben. Da er die Erlaubnis erhalten hatte, in der Stadt wohnen zu dürfen, mietete er zusammen mit seinem Bruder, der eine seiner zahlreichen Verwundungen in der Garnison ausheilte, eine Zweizimmer-Wohnung. Diese behielt er auch dann noch, als E. Jünger zurück an die Front geschickt wurde. Im Winter wurde er zusammen mit den anderen Junkern des Korps in das Heidelager verlegt, wo primär theoretischer Unterricht auf dem Programm stand. Am 24. Dezember 1916 war es dann soweit: Zusammen mit seinen Kameraden mußte er, nach Stationen in Brüssel und dem französischen Eisenbahnknotenpunkt Valenciennes, an der Somme-Front einrücken. Dort kam es zu einem erneuten Zusammentreffen mit seinem Bruder in Fresnoyle-Grand: „Ich traf Ernst in Fresnoy le Grand, als er bei der Kirche einem Platzkonzert lauschte. Er nahm mich sogleich mit in sein Quartier und räumte mir die Hälfte des großen Bettes ein, in dem er schlief. Den Garten, der neben dem Haus lag, benutzten wir, um uns im Pistolenschießen zu üben. In der Dämmerung zogen wir uns an den Kamin zurück und lasen beim Schein zweier Talgkerzen."[30]

Vor seiner Ankunft hatte sich vom 1. Juli bis zum 18. November 1916 an der Somme eine der verlustreichsten Schlachten des Krieges zugetragen. Die Strategie der Franzosen und Engländer sah dabei vor, bestimmte Frontabschnitte durch massiven Artillerie-Beschuß mürbe zu machen, um anschließend mit Infanterie die deutschen Verteidigungslinien zu durchbrechen. Am Ende der Offensive waren auf beiden Seiten rund eine Million Soldaten ums Leben gekommen, ohne daß nennenswerte Gebiete durch die Alliierten erobert werden konnten. Im Anschluß an die Materialschlacht kam es zu einem erbittert geführten Stellungskrieg, den F.G. Jünger nun aus nächster Nähe erleben konnte. Zunächst hatte er jedoch das Glück, nicht in den vordersten Reihen zum Einsatz zu kommen. So verweilte er im verlassenen Ort Forques, zu dem nur einzelnes Störfeuer der feindlichen Artillerie vordrang.

---

[29] Vgl. Fröschle: *Friedrich Georg Jünger und der „radikale Geist"*, S. 113 ff.
[30] Jünger: *Grüne Zweige*, S. 151.

Am 21. Januar 1917 wurde er für den Dienst im Grabensystem eingeteilt, wo er mit körperlich sehr anstrengenden Arbeiten betraut war und die Unterstände auszubessern, Mienen zu schleppen und Stacheldraht zu verlegen hatte. Auch wenn er in dieser Zeit nicht aktiv an den Kämpfen beteiligt war, war sein Dienst nicht ungefährlich. Das Feuer der alliierten Artillerie forderte immer wieder Tote im Umkreis seines Abschnittes. Trotz der ständigen Gefahr blieb er unverletzt. Am 1. Februar 1917 wurde Jünger nach Döberitz verlegt, wo er an einem fünfmonatigen Laufbahnlehrgang teilnahm. Im sogenannten „Steckrübenwinter" (1916/17) hatte auch er, was die Verpflegung anging, unter der britischen Handelsblockade zu leiden. Dennoch beurteilte er die Zeit im nachhinein durchaus positiv: „Der Winter war hart, der Dienst streng, doch denke ich an diese Monate gern zurück, denn sie hatten für mich etwas Heiteres. Der Morgenlauf durch die große Hindernisbahn, mit dem unser Tag begann, das tägliche Bajonettfechten, die Märsche und mannigfachen Übungen machten mich stärker und gewandter."[31]

Nachdem F.G. Jünger den Kursus beendet hatte und in den Rang eines Unteroffiziers aufgestiegen war, trat er zunächst seinen Urlaub an, den er zuhause verbrachte. Die Unterbrechung seines Dienstes nutzte er, um wie in früheren Zeiten durch die Wälder, Wiesen und Moore zu streifen.

Im Juli 1917 wurde er nach Flandern verlegt, wo er die Führung einer Einheit übernehmen mußte und den Befehl erhielt, sich in die vorderste Linie zu begeben. Schweres Artilleriefeuer zwang die Gruppe am 28. Juli dazu, in einem Granattrichter Schutz zu suchen. Am Abend entschloß sich das Regiment, die Briten anzugreifen. Für F.G. Jünger bedeutete dies, nach monatelanger Ausbildung zum ersten Mal an einem unmittelbaren Kampfeinsatz teilzunehmen. In ‚Grüne Zweige' schildert er eindringlich, wie er den Sturmangriff erlebte: „Die Wucht des Sperrfeuers übertraf meine kühnsten Vorstellungen. Vor uns flatterte gelb eine Feuerwand. Detonation erfolgte auf Detonation. Häuserreste, ein Schauer von Erdklumpen, Ziegelstücken und Eisensplittern hagelte auf uns herab und schlug helle Funken auf den Stahlhelmen. Auch sah ich vor mir das stechende Mündungsfeuer der englischen Maschinengewehre, doch war der tausendköpfige Bienenschwarm dieser Geschosse für das Ohr unhörbar […]. Gleich darauf blendete mich, als ich aus einem Trichter wieder auftauchte, das helle Licht eines Schrapnells, das vor mir in etwa drei Meter Höhe auseinandersprang. Ich fühlte zwei dumpfe Schläge gegen Brust und Schulter, das Gewehr fiel mir aus

---

[31] Ebd. S. 156.

der Hand, und den Kopf nach hinten brach ich zusammen und kollerte in den Trichter zurück."[32]

Erst nach dreizehn Stunden wurde der schwer verletzte Soldat geborgen und in einen Unterstand gebracht, der immer noch im unmittelbaren Gefahrenbereich lag. Zufällig erfuhr E. Jünger von der schlimmen Situation, in der sich sein Bruder befand, und ließ ihn in Sicherheit bringen. Die Umstände dieser Rettung schilderte er später in seinem berühmten Buch ‚In Stahlgewittern': „Welch ein Wiedersehn! Mein Bruder lag in einem von Leichengeruch erfüllten Raum inmitten einer Menge ächzender Schwerverwundeter. Ich fand ihn in einer traurigen Verfassung vor. Beim Sturm hatten ihn zwei Schrapnellkugeln getroffen, die eine hatte die Lunge durchschlagen, die andere das rechte Oberarmgelenk zerschmettert. […] Es war mir klar, daß er nicht an diesem Ort bleiben durfte, denn jeden Augenblick konnte der Engländer stürmen oder eine Granate dem schwerbeschädigten Betonklotz den Rest geben. Der beste Bruderdienst war, ihn sofort zurückzuschaffen."[33]

Auch eine von F.G. Jünger geschriebene Passage fand Eingang in E. Jüngers Kriegsbuch. Es war somit sein erster publizierter Text: „Plötzlich stürzte von den Schuhen bis zum Stahlhelm mit Lehm beschmiert ein junger Offizier, mit dem E.K. I auf der Brust, herein. Es war mein Bruder, der unten schon am vorigen Tag totgesagt war. Wir begrüßten uns, ein wenig seltsam und gerührt lächelnd. Nach wenigen Minuten verließ er mich und brachte die letzten fünf Leute seiner Kompanie herbei. Ich wurde auf eine Zeltbahn gelegt und unter dem Donner der Geschütze vom Schlachtfeld getragen."[34]

Anders als bei Ernst, dessen zahlreiche Verwundungen verhältnismäßig schnell heilten, erwiesen sich F.G. Jüngers Verletzungen als schwerwiegend. Es folgten zahlreiche Aufenthalte in verschiedenen Lazaretten, weshalb eine weitere Teilnahme an Fronteinsätzen ausgeschlossen war. Das abrupte Ende seiner Frontkarriere frustrierte den Neunzehnjährigen. Während sein Bruder vom Kaiser mit dem „Stern Friedrichs des Großen", dem höchsten Orden *Pour le Mérite*, ausgezeichnet wurde, hatte er lediglich an einem mißlungenen Sturmangriff in Flandern teilgenommen und an der Somme einen monotonen Grabendienst versehen. Freilich erhielt er

---

[32] Ebd. S. 173.
[33] Ernst Jünger: *In Stahlgewittern*. In: *Sämtliche Werke, Bd. 1*, S. 173 f.
[34] Ernst Jünger: *In Stahlgewittern. Aus dem Tagebuch eines Stoßtruppführers*, 14. Auflage, Berlin 1929, S. 170.

später das Eiserne Kreuz II. Klasse sowie das Schwarze Verwundetenabzeichen; jedoch dürfte dies kaum seine Frustration gemildert haben. Dennoch versuchte er, dieser Zeit im nachhinein etwas Positives abzugewinnen: „Die Erfahrung, daß wir verletzlich sind, ist eine der tiefen, schwer zu bewältigenden Erfahrungen. Sie ist geistiger Art und wenige sind wichtiger."[35]

Während seine Lungenverletzung weitgehend ausheilte, sollte sein Schultergelenk gelähmt bleiben. Am 21. Mai 1918 war er zwar zum Leutnant befördert worden, jedoch erlaubte seine Behinderung keine direkten Fronteinsätze mehr. Immerhin wurde ihm am 22. September gestattet, einen Ersatztransport von 98 Mann an die Westfront zu führen.

Auch für E. Jünger sollte der Krieg vor der offiziellen Kapitulation beendet sein. Nachdem er einen Lungenschuß erhalten hatte, war er im September zurück nach Hannover transportiert worden. Dort konnten die Brüder wieder einige Zeit miteinander verbringen, bis F.G. Jünger nach Oldenburg versetzt wurde, wo er im November die Vorboten der beginnenden Aufstandsbewegung beobachten mußte: „Von den Kasernen wehten rote Fahnen herab. Es war das eines jener Bilder, die man nicht vergißt."[36] Auch in Hannover, in das er nach einiger Zeit wieder zurückkehrte, bot sich ein ähnliches Bild.

In der sogenannten Novemberrevolution entlud sich schlagartig die über Jahre angestaute Unzufriedenheit breiter Bevölkerungsschichten. Als am 29. Oktober Vorbereitungen zum Auslaufen der Hochseeflotte getroffen werden sollten, verweigerten Matrosen auf mehreren Schiffen den Gehorsam. Aus dieser Meuterei entwickelte sich eine von Soldaten und Arbeitern getragene revolutionäre Bewegung, die sich von Kiel ausgehend über das gesamte Reichsgebiet ausbreitete. Neben der Küstenregion sollte sich mit München im Süden ein weiteres Zentrum der deutschen Revolution herausbilden. Überall bildeten sich Räte, die das Vakuum der zurückweichenden Staatsmacht auszufüllen begannen. Hauptziele dieser oft spontan organisierten Zusammenschlüsse waren die Beendigung des Krieges, die Beseitigung des – mittlerweile von vielen so empfundenen – Obrigkeitsstaates und die Humanisierung der militärischen Disziplin. Am 11. November 1918 schloß Deutschland den Waffenstillstand von Compiègne. Große Hoffnung hatte die Revolutionsbewegung auf die berühmten 14 Punkte des amerikanischen Präsidenten Wilson gelegt. Doch daraus sollte nichts werden. Der Reichsregierung

---

[35] Jünger: *Grüne Zweige*, S. 181.
[36] Ebd. S. 186.

blieb am 28. Juni 1919 nichts anderes übrig, als den Versailler Friedensvertrag zu unterzeichnen. Deutschland mußte nun ein Siebtel seines Gebietes abtreten, auf lange Sicht angelegte, gewaltige Entschädigungssummen bezahlen und die Kriegsschuld auf sich nehmen.

F.G. Jüngers Erinnerungsbuch ‚Grüne Zweige' erweckt nicht gerade den Eindruck, daß der junge Soldat großen Anteil an den revolutionären Umwälzungen genommen hätte. Es ist aber davon auszugehen, daß er die Novemberevolution mit Argwohn betrachtete. Vorerst schien er jedoch das lockere Leben der Übergangszeit voll auskosten zu wollen. Dies war insofern möglich, weil seine Schulterverletzung schwere Arbeit ausschloß und auch insgesamt die Disziplin innerhalb der Truppe in Auflösung begriffen war. Trotz aller Freiräume verrichtete er aber nach wie vor seinen Dienst. So organisierte er, als eine Grippewelle im Winter 1918/19 viele Opfer forderte, zahlreiche Beerdigungen und war auch an der Wiederherstellung der Ordnung im bereits erwähnten Heidelager beteiligt. Am 31. März 1920 wurde er schließlich aus dem Heer entlassen. Sein Bruder E. Jünger sollte noch drei weitere Jahre in der Armee bleiben. In der Berliner Vorschriftenkommission arbeitete er auf der Basis seiner Kriegserfahrungen an einer Neufassung der Dienstvorschriften.[37]

Das Deutsche Reich hatte den Krieg durch Anleihen und eine Erhöhung des Geldumlaufs, also durch eine „Inflationssteuer", finanziert. Der hierdurch eingeleitete Inflationsprozeß wurde in der Anfangsphase der Weimarer Republik noch dadurch bestärkt, daß die Deutschen in Folge des Versailler Vertrages erhebliche Reparationszahlungen leisten mußten. Auch wenn man nicht von einer Vernichtung des gesamten Mittelstandes sprechen kann, standen all diejenigen, welche von ihrem Geldvermögen gelebt hatten, vor dem finanziellen Ruin. Die Familie Jünger konnte trotz dieser widrigen Umstände ihren hohen Lebensstandard weitgehend erhalten. Dennoch war der Vater gezwungen, beruflich wieder aktiv zu werden. Im Juli 1919 waren die Jüngers in die sächsische Kleinstadt Leisnig übergesiedelt, wo Ernst Georg Jünger die Löwenapotheke erwarb. F.G. Jünger hielt sich, wie schon zuvor, recht häufig in seinem Elternhaus auf. Von seinem Vater kam dann auch der Impuls, ein Jurastudium aufzunehmen.

---

[37] Vgl. Ernst Jünger: *Skizze moderner Gefechtsführung*. In: *Militär-Wochenblatt*, 13. November 1920. Nachgedruckt in: Sven Olaf Berggötz (Hrsg.): *Ernst Jünger: Politische Publizistik 1919 bis 1933*, S. 14 – 18. Diesem Artikel folgten noch weitere Artikel im ‚Militär-Wochenblatt', in denen sich Jünger mit der Kriegsführung der Zukunft auseinandersetzte.

Aufgrund seines Kriegseinsatzes konnte er sich im Frühjahr 1920 problemlos auch ohne Reifezeugnis an der Universität Leipzig immatrikulieren. Damit schien die Reintegration in das bürgerliche Leben gelungen zu sein. Dies war keineswegs selbstverständlich. So fiel es zahlreichen Soldaten schwer, sich im zivilen Leben wieder zurechtzufinden. F.G. Jünger scheint seinem Studium nicht sonderlich viel Begeisterung entgegengebracht zu haben. Dennoch gelang es ihm recht zügig, die vorgeschriebenen Prüfungen zu absolvieren. 1924 erhielt er seinen Doktortitel mit einer Dissertation ‚Über das Stockwerkeigentum'. Im Juli desselben Jahres trat er eine Stelle als Referendar in Leipzig an, wo sein Bruder inzwischen Zoologie studierte. Während E. Jünger sein Studium abbrach, gelang es F.G. Jünger, 1926 seine Ausbildung mit dem zweiten Staatsexamen zu beenden und eine Praktikumsstelle in einem Leipziger Rechtsanwaltsbüro zu erhalten. Neben dem regulären universitären Pflichtprogramm hatte er sich auch die Zeit genommen, fachfremde Literatur zu studieren.[38] Insbesondere Oswald Spenglers ‚Untergang des Abendlandes'[39], das er im Herbst 1921 las, machte großen Eindruck auf ihn.

F.G. Jünger entwickelte im Laufe seines Studiums eine ausgeprägte Abneigung gegen jegliche Form der juristischen Berufsausübung. Dementsprechend gab er sich bei seinen Bewerbungen auch keine wirkliche Mühe. Gleichzeitig entwickelte er, woran die Lektüre Spenglers sicherlich nicht ganz unschuldig war, eine zunehmende Affinität zu radikalen politischen Anschauungen.

---

[38] Vgl. Fröschle: *Friedrich Georg Jünger und der „radikale Geist"*, S.197 ff.
[39] Oswald Spengler: *Der Untergang des Abendlandes*, 2 Bde., München/Wien 1918/22.

4 Der ‚Aufmarsch des Nationalismus'

F.G. Jüngers zunehmende Aversion gegen das bürgerliche Dasein führte Mitte der zwanziger Jahre dazu, daß sich der unzufriedene junge Jurist nationalistischem Gedankengut zuwandte. Heute ist die Entwicklung dieser politischen Radikalisierung im Detail schwer nachzuvollziehen, weil F.G. Jünger Zeugnisse dieser Lebensphase später vernichtete oder „bereinigte".[40]

Es kann kein Zweifel daran bestehen, daß der ältere Bruder hinsichtlich seiner Politisierung eine wichtige Vorbildfunktion einnahm. Dieser hatte sich in der Nachkriegszeit mit seinen Büchern ‚In Stahlgewittern', ‚Das Wäldchen 125'[41] ‚Der Kampf als inneres Erlebnis'[42] und ‚Feuer und Blut'[43] als Schriftsteller des „Großen Krieges" etabliert. Doch sollten seine Ambitionen bald über die heroische Darstellung des Frontsoldatentums hinausgehen. Sein politisches Engagement nahm allerdings erst 1925 deutliche Konturen an. Zuvor hatte er mit der völkischen Bewegung um Adolf Hitler sympathisiert, war jedoch nach dem kläglich gescheiterten Putschversuch (9. November 1923) auf Distanz gegangen.[44] Nachdem eine kurzfristige nationale Revolution in Deutschland in weite Ferne gerückt war, beschloß er, selbst aktiv auf der politisch-weltanschaulichen Ebene in Erscheinung zu treten. Die hierfür notwendige publizistische Plattform sollte ihm seit 1925 zur Verfügung stehen, als er zusammen mit dem nationalistischen Ex-Offizier Helmut Franke und dem Kriegsschriftsteller Franz Schauwecker die Herausgabe der Zeitschrift ‚Die Standarte – Beiträge zur geistigen Vertiefung des Frontgedankens' übernahm.[45] Die ‚Standarte' war 1925 als Beilage der Zeitschrift ‚Stahlhelm'[46] konzipiert worden, die vom Stahlhelm – Bund der Frontsoldaten herausgegeben wurde. Diese Vereinigung hatte der Weltkriegsoffizier Franz Seldte im November/Dezember 1918 als Kampfbund „zum Schutz von Eigentum,

---

[40] Vgl. Fröschle: *Friedrich Georg Jünger und der „radikale Geist"*, S. 227.
[41] Ernst Jünger: *Das Wäldchen 125. Eine Chronik aus den Grabenkämpfen 1918*, Berlin 1925.
[42] Ernst Jünger: *Der Kampf als inneres Erlebnis*, Berlin 1922.
[43] Ernst Jünger: *Feuer und Blut. Ein kleiner Ausschnitt aus einer großen Schlacht*, Magdeburg 1925.
[44] Vgl. Kiesel: *Jünger*, S. 266 ff.
[45] Vgl. ebd. S. 282 ff.
[46] Vgl. Volker Berghahn: Der Stahlhelm. Bund der Frontsoldaten 1918–1935, Düsseldorf 1966.

Moral und Vaterland" gegen den Bolschewismus ins Leben gerufen. Obwohl der Stahlhelm an der Niederschlagung der linksradikalen revolutionären Unruhen beteiligt war und somit einen Beitrag zur Etablierung der Weimarer Republik geleistet hat, stand er der parlamentarischen Demokratie feindlich gegenüber. Nach der Ermordung Walther Rathenaus wurde die Organisation für einige Monate in Preußen verboten. Franke war zunächst Generalsekretär des Stahlhelm gewesen, mußte aber 1923 aufgrund seiner Radikalität das Amt aufgeben. 1925 initiierte er die ‚Die Standarte', die als Forum für rechtsintellektuelle Nationalisten konzipiert war. Bereits im Frühjahr hatte E. Jünger den Aufsatz ‚Die Materialschlacht'[47] im ‚Stahlhelm' veröffentlicht. Im Herbst desselben Jahres konnte ihn Franke zur Mitarbeit für die ‚Standarte' gewinnen, die nun, vermutlich aufgrund von Jüngers Einflußnahme, auch als ‚Wochenschrift des neuen Nationalismus' bezeichnet wurde. In der folgenden Zeit erschienen aus seiner Feder zahlreiche programmatische Aufsätze, die den Geist des Frontsoldatentums für einen „neuen Nationalismus" fruchtbar machen wollten. Dieser Nationalismus sollte auf vier Grundpfeilern basieren; diese waren „der nationale, der soziale, der kriegerische und der diktatorische Gedanke."[48] Die Hauptfeinde erblickte er in der liberalen Demokratie und in pazifistischen und internationalistischen Bestrebungen jeglicher Couleur. Der Frontsoldat hatte in seiner Weltanschauung eine zentrale Bedeutung. Nur ihm traute E. Jünger zu, die revolutionäre Erneuerung der Nation herbeiführen zu können.

Spätestens seit 1925 scheint sich auch F.G. Jünger intensiv mit dem Konzept des „neuen Nationalismus" auseinandergesetzt zu haben. 1926 folgte dann die Publikation seines ersten Buches ‚Aufmarsch des Nationalismus'[49], das als

---

[47] Ernst Jünger: *Die Materialschlacht*. In: *Der Stahlhelm*, 18. Januar 1925. Wiederabgedruckt in: Berggötz: *Ernst Jünger: Politische Publizistik*, S. 53 – 57.

[48] Ernst Jünger: *Zum Jahre*. In: *Die Standarte. Wochenschrift des neuen Nationalismus*, 3. Januar 1926. Wiederabgedruckt in Berggötz, S. 179.

[49] Der ‚Aufmarsch des Nationalismus' erschien als zweiter Band einer politischen Reihe im Aufmarsch-Verlag, dessen programmatisches Profil von E. Jünger stark beeinflußt wurde. Der erste Band war eine Kriegsautobiographie von Franz Schauwecker: Franz Schauwecker: *Der feurige Weg*, Leipzig 1926. Im Jahre 1927 mußte die Verlagsgesellschaft ‚Der Aufmarsch' Konkurs anmelden, woraufhin F.G. Jünger 2520 Exemplare seines nur mäßig verkauften Buches erhielt. Diese wurden seit 1928 im Vormarsch-Verlag erneut vertrieben.

„Nationalistisches Manifest" und Gegenstück zum Kommunistischen Manifest konzipiert war. E. Jünger, der als Herausgeber dieses Bandes fungierte, schrieb im Vorwort: „Der moderne Nationalismus, das Grundgefühl eines neuen, der zu oft vorgekauten Phrasen der Aufklärung bis zum Erbrechen überdrüssig gewordenen Geschlechts, will das Besondere. Er will nicht Maße und Ausdehnungen, sondern das ihnen zugrunde Liegende und sie Schaffende: die seelische Kraft. Er will seine Rechte nicht beweisen wie der Marxismus durch Mittel der Wissenschaft, sondern durch die Fülle des Lebens selbst, auf der die Wissenschaft fußen mag oder nicht."[50]

Über die hier zum Ausdruck kommende antimechanistische und antiaufklärerische Anschauung bestand bei den konservativen Revolutionären ein allgemeiner Grundkonsens. Schon fünf Jahre zuvor hatte der Jurist Erich Kaufmann konstatiert: „Der deutsche Geist befindet sich in einer Krise, wie er sie vielleicht noch nie in seiner tragischen Geschichte durchlebt hat. Wird er die Kraft haben, den Rationalismus aus seinem Dasein auszustoßen? Wird ihm die innere Zucht beschieden sein, einen ungebändigten Lebensdurst zu zügeln? Wird er verstehen, seine Seele wieder einen Ankergrund finden zu lassen im Ewigen?"[51] Auch die Jünger-Brüder waren zu der Auffassung gelangt, daß die rationalistische Denkweise einer seelisch-gefühlsmäßigen Welterfahrung weichen solle. Die Möglichkeit, ihre nationalistische Weltanschauung objektiv darlegen zu können, schlossen sie dabei von vornherein aus. Für sie stand es außer Frage, daß in den „glühenden Fegefeuern" des Weltkriegs eine neue, mit den Mitteln des rationalistischen Zeitalters nicht greifbare Auffassung des menschlichen Lebens aufgekommen sei.

Dementsprechend appellierte F.G. Jünger in Abkehr vom aufklärerischen Denken an die Glaubenskraft seiner nationalistischen Leser: „Der Glaube an Deutschland, an seine Zukunft, an seine schicksalhafte Bestimmung ist der große Hebel, der das Elend der Gegenwart überwindet und die Zukunft selbst unzerstörbar und mächtig schafft. Denn der Glaube ist der zarteste Kern des Lebens, er ist die Bedingung jeder lebendigen und gestaltenden Macht."[52]

Den verlorenen Weltkrieg führte er auf den „zerstörenden Unglauben" zurück, der den Deutschen von jeher zu schaffen gemacht habe. Die Betonung des

---

[50] Jünger: *Aufmarsch des Nationalismus*, S. VIII.
[51] Erich Kaufmann: *Kritik der neukantischen Rechtsphilosophie*, Tübingen 1921, S. 101.
[52] Jünger: Aufmarsch des Nationalismus, S. XV.

„Glaubens" als maßgebliche Kraft der Erneuerung bedeutete aber keinesfalls, daß F.G. Jünger universalistischen Heilslehren (wie beispielsweise Christentum, Marxismus oder auch dem damals einflußreichen Universalismus Othmar Spanns) nahestand. Im Gegenteil verurteilte er abstrakte Konzepte, welche die Welt als Ganzes zu erklären trachteten, weshalb er zu dem Schluß kam: „Wenden wir uns deshalb dem Tatsächlichen zu, und wir werden die Mystik eines wunderbaren Realismus finden."[53] Der Autor kombinierte also irrationale und realistische Elemente. Dies ist recht charakteristisch für die sogenannten Nationalrevolutionäre, die in den Schützengräben und Materialschlachten mit einem Nihilismus bisher unbekannten Ausmaßes konfrontiert waren. Anstatt zu verzweifeln und die totale Auflösung pessimistisch zu akzeptieren, kamen sie zu der Auffassung, daß aus dem nihilistischen Zerstörungswerk eine „realistische Mystik" und ein schöpferischer Neuanfang erwachsen könnten.

Der Einfluß Friedrich Nietzsches, der sich in seinen Schriften scharf gegen die „aufgeklärte Demokratie", das egalitäre Christentum und die Herrschaft eines dekadenten Menschentums gewandt hatte, ist hier natürlich unverkennbar. Seine Philosophie beschränkte sich aber nicht nur auf das Destruktive. So verkündete Nietzsches Zarathustra nicht nur den „Tod Gottes" und den Anbruch des totalen Nihilismus, sondern auch die Erkenntnis, daß der Vernichtung des Überlieferten eine neue Mystik des Lebens folgen könne. Nietzsche deutete an, daß der Umschwung von der Zerstörung zum schöpferischen Neuanfang nur durch ein „höheres Menschentum" eingeleitet werden kann. Der hier anklingende elitäre Aspekt findet sich auch in der politischen Publizistik der Nationalrevolutionäre, die sich explizit als Avantgarde eines gegen die Aufklärung gerichteten Erneuerungsprozesses sahen.

Dementsprechend machte F.G. Jünger keinen Hehl aus seiner Verachtung für die liberale Demokratie, der er vorwarf, das „Allgemeine" (Minderwertige) höher zu achten als das „Besondere" (Hochwertige): „Laßt uns die seichte Romantik der Demokratie zerstören!"[54] Deutlich tritt hier eine antiegalitäre und elitäre Haltung hervor, die ohne Zweifel ein Kennzeichen der Konservativen Revolution ist. Neben der Demokratie nahm er zugleich auch den Europa-Gedanken ins Visier, der für ihn nichts mit der Realität der Völkerbeziehungen zu tun hat: „Europa ist nur ein Schatten im Winde. Es gibt keine Verständigung, es gibt keine Versöhnung! Es gibt

---

[53] Ebd. S. XVII.
[54] Ebd. S. XVI f.

nichts als Kampf!"⁵⁵ In unausgesprochener Anlehnung an Nietzsches ‚Willen zur Macht' vertrat er die Auffassung, daß die Völker Europas unentwegt in Kämpfe um die Vorherrschaft verstrickt seien. Im Gegenzug zur Menschheitsideologie der politischen Linken bezog er einen rein nationalistischen Standpunkt: „Nicht in dem, was die Völker verbindet und was Mittel ihrer Versöhnung sein könnte, liegt ihre Stärke. Viel entscheidender ist das, was sie trennt, denn hier allein offenbart sich die Notwendigkeit eines völkischen Bestandes."⁵⁶

Obwohl der Krieg für F.G. Jünger schon einige Jahre zurücklag, entwickelte er Mitte der zwanziger Jahre eine sozialdarwinistisch anmutende Programmatik. Dies ist durchaus beachtlich, weil er während des Krieges und in der unmittelbaren Nachkriegszeit eine moderatere Linie vertreten hatte. Leider geben die überlieferten Dokumente nicht mehr viel Einblick in die Hintergründe des offenkundigen Radikalisierungsprozesses. Die Genese seiner nationalrevolutionären Weltanschauung hatte sicher mannigfaltige Gründe. Ein ganz wesentlicher Faktor war zweifelsohne die dürftige Realität der Weimarer Republik, die nicht als gleichberechtigtes Staatsgefüge in die Völkergemeinschaft aufgenommen worden war. Schon 1919 hatte Arthur Moeller van den Bruck in der Broschüre ‚Das Recht der jungen Völker'⁵⁷ festgestellt, daß die westliche Menschenrechtsideologie bloße Fassade sei und nur dazu diene, die Deutschen materiell auszubeuten. Inwiefern sich F.G. Jünger mit den Schriften Moellers beschäftigt hat, läßt sich nicht mehr rekonstruieren. Fest steht aber, daß er während seines Studiums begann, sich intensiv mit konservativ-revolutionärem Gedankengut auseinanderzusetzen. Sicherlich war auch E. Jünger an der politischen Radikalisierung seines Bruders nicht ganz unbeteiligt. Es wäre aber verfehlt, nur eine einseitige Einflußnahme anzunehmen. So schrieb der Ältere in sein Tagebuch: „Es war ein Glücksfall für mich, daß mein Bruder, der nach seiner schweren Verwundung viel Zeit zum Lesen gehabt hatte, mich eindringlich [...] auf Oswald Spengler aufmerksam machte; das hat mir manchen Umweg und wohl auch Irrweg erspart."⁵⁸ An dieser Stelle sei darauf hingewiesen, daß Spengler nicht nur durch seine im ‚Untergang des Abendlandes' ausgebreitete antilineare Geschichtsphilosophie in Erscheinung

---

⁵⁵ Ebd. S. XVII.
⁵⁶ Ebd. S. XVII f.
⁵⁷ Arthur Moeller van den Bruck: *Das Recht der jungen Völker*, München 1919.
⁵⁸ Ernst Jünger: *Siebzig verweht III*, Stuttgart 1993, S. 104.

getreten war. In seinen politischen Schriften ‚Neubau des Deutschen Reiches'[59] und ‚Preußentum und Sozialismus'[60] hatte er auch explizit Standpunkte vertreten, die mit dem Parlamentarismus der Weimarer Republik unvereinbar waren. F.G. Jüngers Systemkritik fiel allerdings bei weitem radikaler aus als die jungkonservativ geprägten Reformvorschläge Spenglers. Es scheint fast so, als wollte er sogar seinen Bruder Ernst in dieser Hinsicht noch übertreffen.

Vor diesem Hintergrund kann es nicht verwundern, wenn F.G. Jünger, dem Diskurs der damaligen Rechten entsprechend, die Novemberrevolution als „Dolchstoß" bezeichnete. Die auf Hindenburg zurückgehende Metapher des Dolchstoßes war in der Zwischenkriegszeit bei vielen nationalen Gruppierungen verbreitet. Sie brachte zum Ausdruck, daß dem im Felde unbesiegten deutschen Heer ein innerer Feind (insbesondere die Sozialdemokratie) in den Rücken gefallen sei.

E. Jünger vertrat dabei eine differenzierte Meinung: So machte er nicht Verräter in der Heimat, sondern das Fehlen eines Siegerinstinktes für den verlorenen Krieg verantwortlich: „Wir müssen es auch ablehnen, in dem Verrat von 1918 die Ursache des Zusammenbruches statt seiner häßlichsten und unwürdigsten Äußerung zu sehen. Unsere Erklärung liegt in der Erkenntnis, daß jener Instinkt, jene höhere Sicherheit gefehlt hat, die in ihren Keimen schon die Früchte des Sieges enthält, und die allen materiellen Hindernissen gewachsen ist."[61] Die Folgen des Novemberumsturzes schätzte F.G. Jünger als fatal ein. So hätten die revolutionären Umwälzungen zu einem umfassenden Zerfall aller Bindungen geführt. Diese Erkenntnis verleitete ihn aber nicht dazu, die wilhelminische Epoche zu glorifizieren, wie es in deutschnationalen Kreisen nicht unüblich war. Genauso wie sein Bruder war er der Meinung, daß die Gesellschaft des Kaiserreiches geistig bankrott gewesen sei. Diese antireaktionäre Haltung darf jedoch nicht darüber hinwegtäuschen, daß in F.G. Jüngers politischer Publizistik historische Traditionslinien eine außerordentlich wichtige Rolle spielen. Auch wenn seine nationalrevolutionäre Weltanschauung nicht darauf abzielte, vergangene Zustände wiederherzustellen, machte er deutlich, daß eine fruchtbare

---

[59] Oswald Spengler: *Neubau des Deutschen Reiches*, München 1924.
[60] Oswald Spengler: *Preußentum und Sozialismus*, München 1920.
[61] Ernst Jünger: *Der Frontsoldat und die wilhelminische Zeit*. In: *Die Standarte. Wochenschrift des neuen Nationalismus*, 20 September 1925. Wiederabgedruckt in: Berggötz: *Ernst Jünger: Politische Publizistik*, S. 83 f.

Zukunft nur in Anknüpfung an die „Blutströme" der Vergangenheit ermöglicht werden könne. Dieser geistige Grundzug findet sich bereits in der deutschen Romantik. Besonders Adam Müller (1779 – 1829), der Hauptvertreter der politischen Romantik, hatte betont, daß eine Gemeinschaft nicht nur aus den in der Gegenwart lebenden Zeitgenossen, sondern auch aus den bereits verstorbenen Geschlechtern bestehe.[62]

Immer wieder verwendete F.G. Jünger den Begriff des Blutes. So sprach er von einer organischen „Blutgemeinschaft", die er von der mechanistischen Geistesgemeinschaft abgrenzte. Unter dem Begriff „Geist" faßte er alle aufklärerischen Strömungen zusammen, die nach uneingeschränkter Freiheit des Individuums streben und an einen allgemeinen Menschheitsfortschritt glauben. Was verstand der Autor aber unter einer „Blutgemeinschaft"? Dies ist insofern erklärungsbedürftig, weil ähnliche Formulierungen („Blut und Boden") von den Nationalsozialisten in einem biologistischen Sinne verwendet wurden. Fest steht, daß E. Jünger die rassenbiologische Auslegung des Blutsbegriffs strikt ablehnte: „Wir wollen nichts hören von chemischen Reaktionen, von Bluteinspritzungen, von Schädelformen und arischen Profilen. Das alles muß ausarten in Unfug und Haarspaltereien und öffnet dem Intellekt die Einfallspforten in das Reich der Werte, die er nur zerstören, aber niemals begreifen kann. Das Blut legt keinen Wert darauf, sich auf einem Wege legitimieren zu lassen, auf dem auch die Verwandtschaft zum Pavian bewiesen werden kann. Das Blut ist der Brennstoff, den die metaphysische Flamme des Schicksals verbrennt."[63]

F.G. Jünger hatte hingegen weniger Berührungsängste mit rassenbiologischen Modellen. Auch wenn „Blut" für ihn hauptsächlich antirationalistisches und organologisches Denken implizierte, läßt sich in seiner Konzeption des Nationalismus ein gewisser völkischer Einschlag nicht verkennen: „Wenn das Bewußtsein der Geistgemeinschaft eine Vermischung der Rassen begünstigt und die Ausgleichung des Unterschiedes zwischen Herren- und Sklavenmenschen befürwortet, so ist ihr jede Vermischung und Gleichberechtigung der Rassen ein Greuel."[64]

Gerade der jungkonservative Flügel der Konservativen Revolution war immer wieder bestrebt, über parteipolitisches Engagement Einfluß zu nehmen. Edgar

---

[62] Vgl. Maaß: *Othmar Spann*, S. 45.

[63] Ernst Jünger: *Das Blut*. In: *Standarte. Wochenschrift des neuen Nationalismus*, 29. April 1926. Wiederabgedruckt in: Berggötz: *Ernst Jünger: Politische Publizistik*, S. 193 f.

[64] Jünger: *Aufmarsch des Nationalismus*, S. 33.

Julius Jung etwa hatte zeitweise die Konservative Volkspartei unterstützt, die 1930 von ehemaligen DNVP-Mitgliedern gegründet worden war.[65] Für die Jünger-Brüder kam eine vergleichbare Strategie nicht in Frage, weil für sie jeder Kontakt mit demokratischen Institutionen eine Gefahr für die Reinheit der nationalistischen Idee bedeutete. Entsprechend kritisierte F.G. Jünger den parlamentarischen Kurs der NSDAP, die nach dem gescheiterten Putschversuch von München beschlossen hatte, durch Wahlen die Macht zu erobern.[66] Hier stellt sich natürlich die Frage, welche Organisationsformen die Nationalrevolutionäre bevorzugten. Für F.G. Jünger stand es außer Frage, daß nur soldatische Verbände dazu fähig seien, eine nationalistische Staats- und Gesellschaftsform ins Leben zu rufen: „Es sind militärisch formierte Verbände, die durch die Glut des Führergedankens in Bewegung gesetzt werden. Sie allein sind berufen, den Willen des Nationalismus zu vollstrecken. Je straffer und disziplinierter sie auftreten, je unbedingter sie sich dem Gedanken des nationalistischen Staates unterwerfen, desto mächtiger und erfolgreicher werden sie sein. Der Nationalist gehört in keine Partei und kein Parlament, er gehört in einen soldatischen Verband."[67]

In den staatsphilosophischen Überlegungen der konservativen Revolutionäre nahmen wirtschaftspolitische Konzeptionen einen breiten Raum ein. So etwa im Kreis um Arthur Moeller van den Bruck, in dem ständestaatliche Modelle eine große Konjunktur hatten, oder auch bei Othmar Spann, dessen universalistische Weltanschauung auf die Erschaffung eines organisch-ganzheitlichen Wirtschaftskörpers abzielte. F.G. Jünger vertrat hingegen die Auffassung, daß die Wirtschaft sich allen machtpolitischen Fragen unterzuordnen habe. Die staatliche Souveränität sah er durch die „anmaßenden Gelüste der Wirtschaftsverbände" bedroht, die es um jeden Preis zurückzudrängen gelte. Diese Aussage erinnert an die Pluralismuskritik[68] des Staatsrechtlers Carl Schmitt, der schon in seiner frühen Schrift ‚Der Staat und die Bedeutung des Einzelnen'[69] deutlich gemacht hatte, daß der Staat allen anderen Dingen übergeordnet werden müsse. Im Vorwort zur zweiten Auflage seines Buches ‚Die geistesgeschichtliche Lage des

---

[65] Vgl. Maaß: *Edgar Julius Jung*, S. 66.
[66] Vgl. Jünger: *Aufmarsch des Nationalismus*, S. 31.
[67] Ebd. S. 32.
[68] Vgl. Thor von Waldstein: *Der Beutewert des Staates. Carl Schmitt und der Pluralismus*, Graz 2008.
[69] Carl Schmitt: *Der Staat und die Bedeutung des Einzelnen*, Tübingen 1914.

heutigen Parlamentarismus' hatte er konstatiert: „In manchen Staaten hat es der Parlamentarismus schon dahin gebracht, daß sich alle öffentlichen Angelegenheiten in Beute- und Kompromißobjekte von Parteien und Gefolgschaften verwandeln und die Politik, weit davon entfernt, die Angelegenheit einer Elite zu sein, zu dem ziemlich verachteten Geschäft einer ziemlich verachteten Klasse von Menschen geworden ist."[70] Diese These findet sich auch bei F.G. Jünger, der seinen nationalistischen Idealstaat durch Interessenverbände bedroht sah. Genauso wie sein Bruder propagierte er die Abschaffung der Gewaltenteilung und die Konzentration der staatlichen Macht in einer diktatorischen Führungsspitze.

Die radikalen Thesen, die von der ‚Standarte'-Gruppe um E. Jünger und Helmut Franke verbreitet wurden, stießen bei der Stahlhelm-Führung auf zunehmenden Widerstand. Schließlich hatte sich der Soldatenverband, der seit 1924 in eine Phase allgemeiner „Stagnation und Selbstzufriedenheit"[71] geraten war, mit dem Status quo der Weimarer Republik immer mehr abgefunden. Die Forderung der ‚Standarte'-Autoren, eine wehrhafte, soziale, autoritäre und nationale Diktatur zu errichten, führte deshalb zu Spannungen mit Seldte, der den Stahlhelm auf einen Legalitätskurs eingeschworen hatte.

Seit März 1926 erschien die ‚Standarte', die bislang als Beilage der Zeitschrift ‚Stahlhelm – Wochenzeitung des Bundes der Frontsoldaten' 150 000 Leser erreicht hatte, als eigenständige Schrift mit dem Untertitel ‚Wochenschrift des neuen Nationalismus' im Frundsberg-Verlag Seldtes. Auch wenn es noch nicht zum endgültigen Bruch zwischen ‚Standarte'-Kreis und Stahlhelm-Führung gekommen war, stellte diese Entscheidung doch eine gründliche Zäsur dar, weil die Auflagenhöhe über Nacht auf 2000 Exemplare geschrumpft war.

---

[70] Carl Schmitt: *Die geistesgeschichtliche Lage des heutigen Parlamentarismus*, 8. Auflage, Berlin 1996, S. 8 [1. Auflage: 1923].
[71] Berghahn: *Stahlhelm*, S. 85.

5 Die Kampfbünde als Wegbereiter eines nationalen Staates?

Bereits im ‚Aufmarsch des Nationalismus' hatte F.G. Jünger deutlich gemacht, daß er in den Kampfbünden die idealen Träger der angestrebten nationalistischen Revolution erblickte. Diesen Gedanken griff er im ersten Aufsatz, den er in der ‚Standarte' veröffentlichte, auf.[72] So propagierte er, die Kampfbünde zu „Machtinstrumenten" auszubauen, mit deren Hilfe die bürgerlich-liberalen Strukturen der Weimarer Republik beseitigt werden sollten. Dementsprechend führte er sieben programmatische Forderungen zur Optimierung der Kampfbünde an:

1. Vollkommene Abkehr von den politischen Formen des Liberalismus. Abschnürung der Kampfbünde gegenüber dem liberalistischen Staate.
2. Aufbau der Kampfbünde auf der dreifachen Verpflichtung der Vaterlandsliebe, der Kameradschaft und des Gehorsams. Unbedingte Anerkennung und Verehrung der Persönlichkeit.
3. Politisierung der Kampfbünde. Revolutionäre Entflammung, geistige Militarisierung, blutmäßige Bindung.
4. Rücksichtslose Niederreißung aller Schranken des Klassenbewußtseins, aller intellektuellen und materiellen Überheblichkeit.
5. Ausbreitung der Kampfbünde in alle Schichten des Volkes. Energische Propaganda in den Staats- und Privatbetrieben. Volle Unterstützung der berechtigten Ansprüche der Arbeiterschaft.
6. Erweiterung der Basis der Kampfbünde durch Aufstellung eigener Wirtschaftsorganisationen. Bildung nationalistischer Gewerkschaften, Betriebsräte, Konsumvereine.
7. Bildung einer Zentrale der Kampfbünde. Einheitlicher Zusammenschluß in einem Zentralführerrate mit dem Zwecke der Verschmelzung aller Kampfbünde zu einem einzigen, Deutschland umfassenden Verbande."[73]

---

[72] Friedrich Georg Jünger: *Die Kampfbünde*. In: *Die Standarte. Wochenschrift des neuen Nationalismus*, 1. Jg., Nr. 1, 1. April 1926, S. 8 – 11.
[73] Punkte 1 bis 7 ebd. S. 10.

Deutlich ist hier ein sozialreformerischer Einschlag erkennbar, der, zumindest in der Anfangszeit, auch für den jungkonservativen Kreis um Arthur Moeller van den Bruck charakteristisch war. F.G. Jünger war offenkundig bemüht, das enorme politische Potential der proletarisierten Arbeiterschaft für seine Zwecke einzuspannen. Freilich blieb ihm auch kaum eine andere Möglichkeit, weil das Bürgertum nicht für seine weitere Auflösung zu begeistern gewesen wäre. Die Forderung, die Klassengegensätze aufzuheben, dürfte bei den Kampfbünden auf weitgehende Zustimmung gestoßen sein, da es im Stellungskrieg und den Materialschlachten bereits zu einer Nivellierung der sozialen Unterschiede gekommen war – schließlich konnte es einen hohen Offizier im Trommelfeuer genau so leicht treffen wie einen einfachen Soldaten. Umso unverständlicher war es für die zurückkehrenden Frontkämpfer, in der Heimat ein zutiefst gespaltenes Volk vorzufinden.

Trotz dieser Ausgangslage mutet F.G. Jüngers Vorhaben, die Kampfbünde in einer großen Organisation zusammenzufassen und im Sinne des „neuen Nationalismus" gleichzuschalten, im Hinblick auf die Heterogenität der nationalen Zusammenschlüsse utopisch an. Eine Fusion von Stahlhelm, SA, Oberland, Wehrwolf und Jungdeutschem Orden[74] wäre in der Mitte der zwanziger Jahre kaum zu verwirklich gewesen.

Kurze Zeit später, am 3. Juni 1926, veröffentlichte auch E. Jünger einen ‚Standarte'-Aufsatz[75], in dem er die Kampfbünde dazu aufrief, die internen Grabenkämpfe zu beenden und eine gemeinsame Front zu bilden. Auch er hielt die Arbeiterschaft für einen wichtigen Faktor, wobei er jedoch die Sphäre des Politischen fest in der Hand der Frontkämpfer sehen wollte: „Machen wir eine reinliche Scheidung: Soldaten als Führer im Machtkampf, Arbeiter als Führer im Wirtschaftskampf!"[76] Obwohl die Brüder aus nationalistischen Kreisen viel Zuspruch erhielten, war an einen Zusammenschluß der Kampfbünde nicht zu denken, weil die jeweiligen Führer ganz eigene Interessen verfolgten und eine Fusion kaum ohne tiefgreifende Eingriffe in die bisherige Posten-Verteilung zu bewerkstelligen gewesen wäre. Nichtsdestotrotz veröffentlichte F.G. Jünger am 8.

---

[74] Vgl. zur Geschichte der Kampfbünde: Ernst Posse: *Die politischen Kampfbünde Deutschlands*, 2. Auflage, Berlin 1931 [1. Auflage: 1930].

[75] Ernst Jünger: *Schließt euch zusammen!* In: *Standarte. Wochenschrift des neuen Nationalismus*, 3. Juni 1926. Wiederabgedruckt in: Berggötz: *Ernst Jünger: Politische Publizistik*, S. 216 – 223.

[76] Ebd. S. 220.

Juli einen weiteren Artikel[77] in der ‚Standarte', in dem er erneut an die nationalen Kräfte appellierte, endlich eine Einigung zu vollziehen. Um seinem Aufruf mehr Gewicht zu verleihen, startete er einen Generalangriff auf die liberale Demokratie der Weimarer Republik: „Der Zerfall der demokratischen Idee erstreckt sich auf die Gesamtheit der demokratischen Organisationen und ist heute überall bemerkbar. Er äußert sich in wachsender Auflösung, in jener treibenden Anarchie, welche die Tochter des Liberalismus ist. Das demokratische Zeitalter neigt sich seinem Ende zu."[78]

Wie bereits angeführt, war die ‚Standarte' aufgrund ihrer radikal-nationalistischen Stoßrichtung innerhalb des Stahlhelm-Bundes in zunehmende Isolierung geraten. Die Lage sollte sich frappierend zuspitzen, als im zwanzigsten Heft ein Artikel von Hans Schwarz erschien, in dem die Rathenau- und Erzberger-Attentäter positiv dargestellt wurden. Daraufhin wurde der Autor zu vier Monaten Gefängnis verurteilt und die ‚Standarte' für drei Monate verboten. Als Grund für dieses restriktive Vorgehen führte der Magdeburger Oberpräsident[79] Otto Hörsing das „Gesetz zum Schutz der Republik" vom 21. Juli 1922 an. Nachdem Franke während der Verbotspause seinen Posten als Schriftleiter verloren hatte, wechselte er zusammen mit E. Jünger zur Zeitschrift ‚Arminius. Wochenschrift für deutsche Nationalisten'[80], die von Wilhelm Weiß (1892 – 1950) im Arminius-Verlag in München herausgegeben wurde. Das Publikationsorgan bot nicht nur Nationalrevolutionären, sondern auch Völkischen und Nationalsozialisten eine Plattform. So veröffentlichten beispielsweise Alfred Rosenberg[81] und Joseph Goebbels[82] dort Artikel. Das Autorenspektrum kann also als recht breit angesehen werden.

---

[77] Friedrich Georg Jünger: *Kampf!* In: *Die Standarte. Wochenschrift des neuen Nationalismus*, 1. Jg., Nr. 15, 8. Juli 1926, S. 342 – 343.

[78] Ebd. S. 342.

[79] Als „Oberpräsidenten" (eigentlich „Oberregierungspräsident") bezeichnete man den Verwaltungschef einer preußischen Provinz.

[80] Der Untertitel „Wochenschrift für deutsche Nationalisten" wurde unter dem Einfluß der Standarte-Gruppe eingeführt. Zuvor: „3. Jahrgang des Völkischen Kuriers".

[81] Alfred Rosenberg: *Nationalismus und Sozialismus*. In: *Arminius*, 7. Jg., Nr. 37/38, 24./31 Oktober 1926, S. 20 – 23.

[82] Joseph Goebbels: *Proletariat und Bourgeoisie*. In: *Arminius*, 7. Jg., Nr. 40, 14. November 1926, S. 4 – 6.

E. Jünger hatte sich, während die ‚Standarte' verboten war (vom 19. August bis zum 18. November 1926) vorerst abwartend verhalten und eine Pilotenausbildung an der Verkehrsfliegerschule in Staaken begonnen. F.G. Jünger beteiligte sich hingegen unverzüglich am Ausbau des Münchner ‚Standarte'-Nachfolgeprojekts. Im September 1926 veröffentlichte er dann auch einen programmatischen Artikel mit dem Titel ‚Staat und Persönlichkeit'[83]. Hier forderte er, alle Machtmittel des Staates auf eine Führerpersönlichkeit zu übertragen. Freilich blieben seine Vorstellungen recht nebulös, weil sich kein Kandidat für diese herausragende Position anbot. Zwar zollten die Jünger-Brüder dem damaligen Reichspräsidenten Paul von Hindenburg Respekt, jedoch kam dieser aufgrund seines Alters und seiner Verknüpfung mit der Weimarer Demokratie und dem materialistischen Erbe des Wilhelminismus kaum für die Rolle des dynamischen Vorkämpfers eines neuen nationalistischen Staates in Frage. Auch gegenüber Adolf Hitler nahmen die Brüder von Anfang an eine reservierte Haltung ein, wenn auch der republikfeindliche Elan der Nationalsozialisten ihnen durchaus zusagte. F.G. Jünger machte deutlich, daß der Machtübernahme im Inneren eine imperialistische Außenpolitik folgen müsse, die zum Ziel haben solle, dem deutschen Volk mehr Raum zu verschaffen: „Das Deutschland, in dem wir leben, ist der unmöglichste Staat, den es gibt. Qualvoll übervölkert, von dem nationalen Willen der Grenzstaaten eisern zusammengepreßt, gleicht er einer Dampfmaschine, die mit geschlossenen Ventilen arbeitet, und einen Druck erzeugt, der zu furchtbaren Explosionen führen muß [...]. Die innere Siedlung, die in den letzten Jahren heftig propagiert wurde, ist eine so bescheidene und aussichtslose Angelegenheit, daß es sich nicht lohnt, über sie ein Wort zu verlieren. Man kann den gewaltigen Drang eines Volkes nach Raum nicht durch die Anlage von Schrebergärten stillen. Und wir brauchen Raum, Raum und nochmals Raum, um uns zu entfalten und aus der mörderischen Verstrickung zu befreien, in der wir heute leben."[84]

Einen auf Verhandlungen basierenden Landgewinn hielt er aufgrund des starken nationalen Willens der Gegner für undenkbar, weshalb nur der bewaffnete Kampf in Frage käme. Würden die Deutschen auf die imperialistische Durchsetzung ihrer Interessen verzichten, so F.G. Jünger, könnte dies den Bestand des Volkes ernsthaft gefährden: „Es bleibt nur der Verzicht auf Ausdehnung oder

---

[83] Friedrich Georg Jünger: *Staat und Persönlichkeit*. In: *Arminius*. Wochenschrift für deutsche Nationalisten, 7. Jg., Nr. 33, 5. September 1926, S. 1 – 2.
[84] Ebd. S. 1.

der Kampf. Aber der Verzicht, das ethische Chinesentum, das die Demokratie predigt und das die Folge eines kastrierten Machtwillens ist, muß zur völkischen Vernichtung führen."[85]

Kurze Zeit später kam es zu einem einmonatigen Verbot des ‚Arminius', weil erneut positiv auf die Ermordung von Rathenau und Erzberger eingegangen worden war.[86] Am 31. Oktober 1926 konnte die Zeitschrift, die nun als ‚Kampfschrift für deutsche Nationalisten' firmierte, wieder erscheinen, wobei ihre Herausgeber die Zeit genutzt hatten, um eine Modernisierung des Layouts vorzunehmen. So wurde das antiquierte Zeitungsformat aufgegeben und ein modernes Heftformat mit ansprechender Titelblattgestaltung eingeführt.

Seit dem 21. November 1926 traten Helmut Franke und Ernst Jünger als Mitherausgeber des ‚Arminius' in Erscheinung. Provokanterweise wurde vorübergehend der Untertitel ‚Die neue Standarte!' verwendet, was jedoch bald von Seldte juristisch unterbunden wurde. Der Ärger der Jünger-Brüder über das Verhalten der Stahlhelm-Führung schlug sich auch in ihrer Publizistik nieder. So veröffentlichte F.G. Jünger den Aufsatz ‚Das Fiasko der Bünde'[87], in dem er insbesondere den Stahlhelm aufs schärfste attackierte: „Eine ungeheure Enttäuschung und Erbitterung hat sich aller entschlossenen Kämpfer bemächtigt. Die Hoffnungen, die man auf die Verbände setzte, sind zerronnen und immer stürmischer erklingt die Frage: Sind die Kampfbünde noch existenzberechtigt? Oder sind sie wert, zertrümmert zu werden, um einer neuen zentralen Widerstandsbewegung Platz zu machen?"[88]

F.G. Jünger machte den Kampfbünden den Vorwurf, durch ihr parteipolitisches Engagement den Sinn für die wahre nationalistische Idee verloren zu haben. Benito Mussolinis faschistische Machtübernahme in Italien zog er als Beispiel eines revolutionären Nationalismus der Tat, wie er sich ihn auch in Deutschland wünschte, heran. Spätestens jetzt war er aber zu dem Ergebnis gekommen, daß bei der Errichtung einer nationalen Diktatur kaum mit den Kampfbünden zu rechnen war. F.G. Jünger, der selbst nie Stahlhelm-Mitglied gewesen ist, scheint

---

[85] Ebd.
[86] Verbot des „Arminius". In: *Arminius*, 7. Jg. Nr. 36, 26. September 1926. [Hier abgedruckt: Der Beschluß der Polizeidirektion München vom 20. September.]
[87] Friedrich Georg Jünger: *Das Fiasko der Bünde*. In: *Arminius*. Kampfschrift für deutsche Nationalisten 7. Jg., Nr. 41, 21. November 1926, S. 5 – 7.
[88] Ebd. S. 5.

seine publizistischen Wirkmöglichkeiten hoffnungslos überschätzt zu haben. So wollte er die Kampfbünde auf einen radikalen Kurs einschwören, der vermutlich schärfste Sanktionen von staatlicher Seite heraufbeschworen hätte. Dies konnten die Führer der soldatischen Verbände, die kaum an einer politischen und gesellschaftlichen Isolierung interessiert sein konnten, nicht zulassen. Die Jünger-Brüder hatten hingegen kaum etwas zu verlieren, weil sie weder in eine Organisation fest eingebunden waren noch finanziell für die Konsequenzen ihrer politischen Publizistik geradestehen mußten.

Im selben Heft erschien auch ein Artikel[89] von E. Jünger, der ähnlich argumentierte. So verurteilte er die vom Stahlhelm ausgegebene Parole „Hinein in den Staat" und sprach von einem „deutschen Faschismus", der sich vom Etatismus und legalistischen Kurs der Bünde emanzipieren solle. Die Begeisterung für Mussolinis Marsch auf Rom war auch ihm anzumerken. Insgesamt fällt aber auf, daß E. Jünger trotz inhaltlicher Überschneidungen gemäßigter und besonnener auftritt als sein Bruder.

Während sich F.G. Jünger eine kleine publizistische Auszeit nahm, brachte E. Jünger eine Reihe von Artikeln im ‚Arminius' heraus, die sich gegen die Vereinsmeierei der Bünde richteten[90] und auch den Willen zu einer tiefergehenden philosophischen Durchdringung[91] der eigenen Weltanschauung erkennen ließen.

F.G. Jünger konzentrierte sich hingegen weiterhin auf konkrete politische Themenbereiche. In seinem Aufsatz über ‚Deutsche Außenpolitik und Rußland'[92] kam er zu dem Ergebnis, daß der Völkerbund im Grunde genommen ein nutzloses Instrument sei, mit dem wirkliche Probleme nicht gelöst werden könnten, weshalb er empfahl, der Utopie einer deutsch-französischen Verständigung den

---

[89] Ernst Jünger: *Der Nationalismus der Tat*. In: *Arminius*. Kampfschrift für deutsche Nationalisten, 21. November 1926. Wiederabgedruckt in: Berggötz: *Ernst Jünger: Politische Publizistik*, S. 250 – 257.

[90] Vgl. Ernst Jünger: *Der jungdeutsche Kritikaster*. In: *Arminius*. Kampfschrift für deutsche Nationalisten, 28. November 1926 (Berggötz S. 257 – 260). Ernst Jünger: *Was Herr Seldte sagen sollte ...* In: *Arminius*, 12. Dezember 1926 (Berggötz S. 264 – 270). Ernst Jünger: *Kasernenhöfe der Idee*. In: *Arminius*. Kampfschrift für deutsche Nationalisten, 19. Dezember 1926 (Berggötz S. 270 – 274).

[91] Ernst Jünger: *Die Schicksalszeit*. In: *Arminius*. Kampfschrift für deutsche Nationalisten, 2. Januar 1927 (Berggötz S. 275 – 280).

Rücken zu kehren und sich nach Osten zu wenden. Die kommunistisch-internationalistische Ideologie, die in der Sowjetunion zur Entfaltung gekommen war, stellte für F.G. Jünger keinen Hinderungsgrund dar, ein außenpolitisches Zusammengehen mit Rußland zu fordern. Dies ist auch damit zu erklären, daß er an eine Renationalisierung des Sowjetimperiums glaubte – viel entscheidender war aber seine radikal antiwestliche Haltung, die keine andere Bündnisoption übrig ließ. Dementsprechend wäre es falsch, eine ausgeklügelte „nationalbolschewistische" Ideologie hinter seinen Ausführungen zu vermuten. In Anbetracht dessen, daß die nationalliberale Außenpolitik Gustav Stresemanns, die auf eine Versöhnung mit Frankreich abzielte, keine signifikanten territorialen Revisionen (etwa eine Angliederung Österreichs oder der nach dem Ersten Weltkrieg abgetretenen Ostgebiete) bewirkte, erschien ihm aus pragmatischen Erwägungen die russische Option am sinnvollsten zu sein. Darüber hinaus dürfte auch die antikapitalistische Grundhaltung des Autors für seine außenpolitische Positionierung mitentscheidend gewesen sein. Waren es schließlich nicht die westlichen Siegermächte gewesen, die auf Kosten der nationalen Volkswirtschaften ein kapitalistisch-internationalistisches Finanzsystem installieren wollten?

In den Kreisen der Konservativen Revolution war die Ostorientierung durchaus kein ungewöhnliches Phänomen. Schon der jungkonservative Arthur Moeller van den Bruck[93] und später die Nationalrevolutionäre[94] Ernst Niekisch und Friedrich Hielscher hatten deutlich pro-russische Positionen bezogen. Aber auch entgegengesetzte Stimmen waren zu vernehmen. So sprach sich beispielsweise der dem Kreis um Moeller zugehörige Heinrich von Gleichen für eine deutschfranzösische Zusammenarbeit aus, um ein mitteleuropäisches Gegengewicht zu Amerika und zum russischen Bolschewismus etablieren zu können.[95] Insgesamt konnte innerhalb der Konservativen Revolution in bezug auf außenpolitische Fragestellungen kein Konsens erzielt werden.

---

[92] Friedrich Georg Jünger: *Deutsche Außenpolitik und Rußland*. In: *Arminius. Kampfschrift für deutsche Nationalisten*, 8. Jg., Nr. 3, 16. Januar 1927, S. 4 – 7.
[93] Vgl. Maaß: *Kämpfer um ein drittes Reich*, S. 117 f.
[94] Vgl. Louise Dupeux: *„Nationalbolschewismus" in Deutschland 1919 – 1933. Kommunistische Strategien und konservative Dynamik*, München 1985.
[95] Vgl. Maaß: *Kämpfer um ein drittes Reich*, S. 54.

Am 12. Juni 1927 veröffentlichte F.G. Jünger seinen letzten Artikel[96] in der ‚Standarte'. Nachdem das Verbot abgelaufen war, wurde die Zeitschrift unter der Herausgeberschaft von Franz Schauwecker und Wilhelm Kleinau fortgeführt. Im Oktober 1928 wurde sie vom ‚Schriftenvertrieb des Ringes' (Heinrich von Gleichen) übernommen. Im April 1929 ersetzte sie die Zeitschrift ‚Das Gewissen', um schließlich im Oktober 1930 im ‚Ring', der ‚Wochenschrift für Politik', aufzugehen. Letztendlich war also aus dem nationalrevolutionären Kampfblatt eine gemäßigte jungkonservative Zeitschrift geworden.

Einen Monat darauf folgte im ‚Arminius' eine scharfe Polemik[97] gegen das „Opiat der Phrase", die sich an die Liberalismuskritik seines Bruders anschloß. Diese verquickte er mit einer abfälligen Bestandsaufnahme des Großstadtlebens, das für ihn durch Anonymität und mechanisiertes Massenmenschentum gekennzeichnet war. Dennoch gab er sich nicht der Illusion hin, den Zustand der totalen Technisierung überwinden zu können. Vielmehr empfahl er, dem zunehmenden Freiheitsverlust kämpferisch entgegenzutreten: „Könnten wir nicht leben wie die Glücklichen auf einer Insel, friedlich und süß das Leben genießen? Nein du Träumer, wir können es nicht! Die Zeit hat uns geharnischt und gepanzert und wir müssen fechten bis zum bitteren Ende, wenn wir nicht achtlos beiseite geworfen werden wollen. Einbezogen in den gewalttätigen Organismus, schwindet unsere Freiheit dahin, wird unser Frieden illusorisch. Dies ist der ewige Krieg und wohl dem, der seine Härten mit Freuden fühlt."[98]

Technischer Fortschritt bedeutete für F.G. Jünger schon in dieser frühen Phase also keineswegs ein Mehr an Freiheit, sondern eine Zunahme des Kampfes in der zivilen Welt. In dem hier zitierten Aufsatz blieb der Autor jedoch auf einer eher oberflächlichen Ebene. So ging es ihm noch nicht um eine tiefgehende Technikkritik, sondern um die Darstellung der modernen Lebensweise (Verstädterung) als Resultat einer durchliberalisierten Gesellschaft.

Im Gegensatz zu jungkonservativen Akteuren wie etwa Wilhelm Stapel oder Edgar Julius Jung verzichtete F.G. Jünger auf eine Einbindung christlich-religiöser Elemente in seine metapolitische Konzeption. Insofern vermag es verwundern,

---

[96] Friedrich Georg Jünger: *Die Gesittung und das soziale „Drama"*. In: *Die Standarte*. Zeitschrift des neuen Nationalismus, 2. Jg., 12. Juni 1927, S. 253 – 256.

[97] Friedrich Georg Jünger: *Opium für Volk*. In: *Arminius*. Kampfschrift für deutsche Nationalisten, 8 Jg., Nr. 28, 10. Juli 1927, S. 4 – 6.

[98] Ebd. S. 5.

daß im August 1927 in den ‚Leipziger Neuesten Nachrichten' aus seiner Feder ein Aufsatz[99] über Therese Neumann erschien. Die bayerische Bauernmagd aus dem oberpfälzischen Konnersreuth soll von Lähmung und Blindheit geheilt worden sein und durchlebte angeblich jeden Freitag Visionen der Passion Christi. Dabei soll sie stark aus den Augen geblutet und an ihrem Körper Stigmata aufgewiesen haben. Diese Ereignisse machten sie weltweit bekannt und lösten einen immensen Besucherandrang aus. In einem Brief an seinen Bruder schrieb Jünger begeistert: „Die Erscheinung Therese Neumanns ist von allerhöchster Bedeutung." Und weiter: „Der Glaube spottet aller Gesetze der Mechanik. Ich bin fest davon überzeugt, daß er die Schwerkraft aufzuheben vermag [...] Welch ein Triumph des Katholizismus."[100] In dem Zeitungsartikel, der kurioserweise unter der Rubrik ‚Unterhaltung und Wissen' erschien, sprach er sich gegen die naturwissenschaftliche Vereinnahmung des Falles aus. Insofern kristallisierte sich schon hier seine Technikkritik heraus, die später zum wesentlichen Grundzug seines Denkens werden sollte. Gleichzeitig belegt der Artikel, daß F.G. Jünger nicht ausschließlich auf die Metaphysik des Krieges fixiert, sondern auch gegenüber der abendländischen Glaubenstradition aufgeschlossen war. Freilich dürfte er zu dieser Zeit eine tiefe Abneigung gegenüber dem bürgerlich-katholischen Milieu, dem jeglicher revolutionärer Elan abging, empfunden haben. Dies hinderte ihn aber offensichtlich nicht daran, das Phänomen der Therese Neumann aufzugreifen und es als Beispiel für das Scheitern einer totalen Rationalisierung des Lebens positiv hervorzuheben.

Neben dem Neumann-Aufsatz hatte F.G. Jünger eine grundlegende Pazifismuskritik ausgearbeitet, die auf zwei ‚Arminius'-Ausgaben verteilt im September 1927 veröffentlicht wurde.[101] In diesem Text lieferte er eine po-

---

[99] Friedrich Georg Jünger: *Therese Neumann*. In: *Leipziger Neueste Nachrichten*, Nr. 239, 27. August 1927, S. 16. Neu ediert und kommentiert in: Friedrich Strack (Hrsg.): *Titan Technik. Ernst und Friedrich Georg Jünger über das technische Zeitalter*, Würzburg 2000, S. 285 – 289. Im selben Band findet sich auch eine Rekonstruktion des Entstehungskontextes: Ulrich Fröschle: *F.G. Jünger und Therese Neumann – Gesetz der Mechanik vs. Glaube*. S. 272 – 277.

[100] Friedrich Georg Jünger an Ernst Jünger, 19. August 1927. Ebd. S. 273.

[101] Friedrich Georg Jünger: *Der Pazifismus. Eine grundsätzliche Ausführung*. In: *Arminius. Kampfschrift für deutsche Nationalisten*, 8 Jg., Nr. 36, 4. September 1927, S. 6 – 9. Friedrich Georg Jünger: *Der Pazifismus. Eine grundsätzliche Ausführung* [Schluß]. In: *Arminius*, 8. Jg., Nr. 37, 11. September 1927, S. 6 – 8.

lemische, aber dennoch gehaltvolle Generalanklage des durch Abstraktion und Intellektualismus geprägten Individualismus, der seiner Meinung nach zur Zerstörung jeder schöpferischen Persönlichkeit beitragen müsse. Dem Pazifismus, dessen Grundlage der Individualismus sei, sprach Jünger jegliche Daseinsberechtigung ab, indem er seine Vertreter des Landesverrates bezichtigte und Zuchthausstrafen für sie empfahl: „Deutschland ist eine Schicksalsgemeinschaft auf Gedeih und Verderb. Es ist unmöglich, daß man Individuen, die es ablehnen, ein Land mit der Waffe zu schützen, von dessen Gütern sie zehren, irgendwelche politischen Rechte zuerkennt. Schmarotzerexistenzen dieser Art können nicht innerhalb der deutschen Grenzpfähle geduldet werden. Wer darüber hinaus ein Land, dem er alles verdankt, in niedriger Weise zu schädigen versucht, der muß es als einen Akt der Notwehr auffassen, wenn man sich seiner entledigt und ihn dort verwahrt, wo man Landesverräter zu verwahren pflegt, in den Zuchthäusern."[102]

---

[102] Ebd. S. 8.

6 Friedrich Hielscher: ‚Der Vormarsch' und ‚Das Reich'

Der Pazifismus-Artikel leitete das Ende von F.G. Jüngers Mitarbeit beim ‚Arminius' ein. Im September 1927 wurde die Zeitschrift eingestellt.[103] Bereits im April war es innerhalb des Mitarbeiterkreises zu heftigen Auseinandersetzungen gekommen, als der ‚Arminius' und der Verlag in den Besitz Hermann Erhardts übergegangen waren. Diese, aus einer Notlage heraus getroffene Entscheidung war von Helmut Franke in Eigenregie in die Wege geleitet worden, ohne daß es zu einer Absprache mit E. Jünger gekommen wäre. Hierauf entwickelte sich eine intrigenreiche Auseinandersetzung zwischen den beiden ‚Arminius'-Herausgebern, die auch auf der persönlichen Ebene ausgefochten wurde. Dies ging so weit, daß E. Jünger seinen Widersacher der „Charlatanerie" bezichtigte und ihn gar als „Schwein" bezeichnete. Hauptsächlich ging es ihm darum, die publizistische Eigenständigkeit der Zeitschrift zu bewahren, was unter der Schirmherrschaft Erhardts, der inzwischen dem Stahlhelm beigetreten war, ernsthaft in Frage gestellt worden war. E. Jünger wollte es aber nicht dabei belassen, Franke aus der ‚Arminius'-Redaktion zu verdrängen. So intervenierte er unter anderem bei Adolf Hitler und Joseph Goebbels mit dem Ziel, Franke auch von anderen Zeitschriften-Projekten dauerhaft auszuschließen. Unterstützt durch Friedrich Hielscher und unter der Androhung, seine Mitarbeit am ‚Arminius' ganz aufzukündigen, gelang es ihm letztendlich, seinen ehemaligen Mitstreiter endgültig publizistisch auszuschalten. Eigens dazu war er von Leipzig nach Berlin umgezogen, um den Lauf der Dinge besser beeinflussen zu können. Franke ging kurze Zeit später nach Brasilien und daraufhin nach Mexiko, wo er unter ungeklärten Umständen verstarb.

Während E. Jünger, nachdem er mit dem ‚Arminius' eine bessere Bezahlung hatte aushandeln können, in Berlin wohnte, war sein Bruder nach dem Scheitern des ‚Aufmarsch'-Verlages und der ‚Standarte' in Leipzig auf Arbeitssuche als Jurist. Seit Mai 1927 war der ‚Arminius' ohne Nennung der Herausgeber erschienen, was vermutlich damit erklärbar ist, daß E. Jünger seine Unabhängigkeit gegenüber Erhardt betonen wollte.

---

[103] Vgl. Fröschle: *Friedrich Georg Jünger und der „radikale Geist"*, S. 307 ff.

Während der Machtkämpfe und anschließenden Vertreibung Frankes war mit Friedrich Hielscher ein Akteur auf den Plan getreten, der nicht nur eine sehr gute Beziehung zu den Jünger-Brüdern pflegte, sondern auch im ‚Arminius' publizistische Akzente setzte.

Hielscher ist am 31. Mai 1902 im vogtländischen Plauen geboren.[104] Am Ersten Weltkrieg konnte er aufgrund seiner Jugend nicht mehr teilnehmen, aber unmittelbar nach seinem Abitur wurde er am 10. Juni 1919 im niederschlesischen Schlichtingsheim Freikorps-Mitglied. Als seine Abteilung in die Reichswehr integriert werden sollte und er damit Gefahr lief, „die Freiheit der Entscheidung zu verlieren", wechselte er zum Freikorps Hasse, das jedoch nach kurzer Zeit ebenfalls der Reichswehr angegliedert wurde. Hielscher nahm an einigen leichteren Gefechten gegen polnische Einheiten teil, ohne sich jedoch für eine Offizierslaufbahn entscheiden zu wollen. In Folge des Kapp-Putsches, den er für eine „Dummheit" hielt, quittierte er den Dienst, um sich einem Jura-Studium in Berlin zuzuwenden. Schon bald sollten sich auch Anknüpfungspunkte zur Konservativen Revolution herausbilden. So lernte er den sozialdemokratischen, später christlich-konservativen, Patrioten August Winnig kennen, mit dem ihn bald eine enge Freundschaft verband. Durch Winnigs Vermittlung kamen auch Kontakte mit Oswald Spengler und E. Jünger zustande. Im Herbst 1926 legte er eine Dissertation über das Thema ‚Die Selbstherrlichkeit – Versuch einer Darstellung des deutschen Rechtsgrundbegriffes' vor, für die er sich intensiv mit Hegel, Spengler, Nietzsche und Max Weber auseinandergesetzt hatte. Ähnlich wie F.G. Jünger konnte sich Hielscher aber nicht für den Beruf des Juristen erwärmen. In seinen autobiographischen Aufzeichnungen beschrieb er seine Tätigkeit als juristischer Referendar als „schauerliche Zeit".[105] Es ist also nicht verwunderlich, daß er am 3. November auf eigenen Wunsch aus dem Staatsdienst entlassen wurde, was natürlich auch das Ende einer materiell gesicherten Existenz bedeutete.

1924 hatte Hielscher Jüngers ‚Stahlgewitter' gelesen und entschloß sich, mit dem Autor persönlich in Kontakt zu treten.[106] Doch erst zwei Jahre später sollte ein erster brieflicher Kontakt zustandekommen. Ende 1926 veröffentlichte er sei-

---

[104] Vgl. zu Leben und Werk Friedrich Hielschers Peter Bahn: *Friedrich Hielscher 1902 – 1990. Einführung in Leben und Werk*, Schnellbach 2004.
[105] Vgl. Friedrich Hielscher: *Fünfzig Jahre unter Deutschen*, Hamburg 1954, S. 109.
[106] Ebd. S. 111.

nen ersten Artikel im ‚Arminius',[107] der zu dieser Zeit als ‚Neue Standarte' firmierte. Unter dem Einfluß Spenglers konstatierte er, daß Deutschland kurz vor dem Zusammenbruch stehe, weshalb es sinnlos sei, den unaufhaltsamen Zerfall aufhalten zu wollen. Es sei aber notwendig, an der „geistigen Haltung" zu arbeiten, die für den späteren Wiederaufbau unabdingbar sei. Bereits als die Germanen mit der überreifen „römisch-byzantinisch-christlichen Kulturenvielheit" in Kontakt getreten waren, habe ihre geistige Überfremdung begonnen, wodurch ein Prozeß des stetigen Zerfalls in die Wege geleitet worden sei. Auch das wilhelminische Reich betrachtete er als ein degeneriertes politisches Gebilde. Insofern ist es nicht erstaunlich, daß er auch hinsichtlich der Weimarer Republik zu einem vernichtenden Urteil gelangte: „Je eher dieser Staat zugrunde geht, umso besser ist es für die deutsche Sache. Sein weiteres Schicksal ist uns völlig gleichgültig."[108] Alle Staatskunst, so Hielscher, solle ihren Ursprung in einer neuen glaubensstarken „Innerlichkeit" nehmen.

Es war dann auch diese „Innerlichkeit", über die sich Hielscher und E. Jünger bei einem ersten persönlichen Treffen Anfang 1927 austauschten. Hielscher, der in der Begegnung[109] mit dem berühmten Autor des Weltkrieges einen Anstoß der „Himmlischen" erblicken wollte, bemühte sich im Sommer 1927 eifrig darum, E. Jünger eine Wohnung zu besorgen. Diese Bemühung sollte sich hinsichtlich ihres freundschaftlichen Verhältnisses auszahlen. So bildete sich in der folgenden Zeit um E. Jünger ein Kreis nonkonformistischer Intellektueller, dem neben Hielscher und F.G. Jünger Persönlichkeiten wie Franz Schauwecker, Edwin Erich Dwinger, Werner Beumelburg und Ernst von Salomon angehörten.

Nachdem der ‚Arminius' im Frühjahr 1927 unter den Einfluß Erhardts geraten war, der mit den metapolitischen Konzeptionen des Neuen Nationalismus wenig anfangen konnte, begannen die Jünger-Brüder nach einer neuen Publikationsplattform Ausschau zu halten. Hierfür bot sich die Zeitschrift ‚Der Vormarsch' an, die zunächst von Ernst Jünger und dem Leiter der bündisch und nationalrevolutionär ausgerichteten ‚Freischar Schill', Werner Laß, mit dem Untertitel ‚Blätter der nationalistischen Jugend' herausgegeben wurde. Hielscher

---

[107] Friedrich Hielscher: *Innerlichkeit und Staatskunst*. In: *Jahrbuch zur Konservativen Revolution 1994*, Köln 1994, S. 335 – 338. Das Original erschien am 26. Dezember 1926 im ‚Arminius'.
[108] Ebd. S. 337.
[109] Vgl. Peter Bahn: *Ernst Jünger und Friedrich Hielscher: Eine Freundschaft auf Distanz*. In: *Les Carnets Ernst Jünger*, Nr. 6 (2001), S. 127 – 145.

hatte bereits zuvor regelmäßig für den ‚Vormarsch', der bis dato pikanterweise als Mitteilungsblatt[110] der Erhardt-Anhänger in Thüringen gedient hatte, geschrieben und dabei erkennen lassen, daß er einen gegen die westlichen Kolonialmächte gerichteten Befreiungsnationalismus der unterdrückten Völker als geeignetes Mittel sah, um die Nachkriegsordnung zum Wanken zu bringen. Auch wenn E. Jünger seiner programmatischen Linie treu blieb und weiterhin den Aufbau eines verbandsunabhängigen „neuen Nationalismus" forderte, blieb der ‚Vormarsch' auch unter seiner Ägide eine in erster Linie bündisch-jugendbewegte Monatsschrift.

F.G. Jünger nahm in seinem ‚Spiegel der Jahre' eine Charakterisierung Hielschers vor, den er in seiner retrospektiven Betrachtung „Helmer" nannte: „Mir fiel gleich die Schlüssigkeit auf, die in seinen Sätzen steckte, und mich beschäftigte an ihr, daß zwischen Gewißheit (certitudo) und Sicherheit (securitas) ein Unterschied ist […]. Es war nicht leicht, ihn aus seinem Konzept zu bringen. Eine Zutat von scholastischer Theologie schien mir in seinen Folgerungen zu liegen, die gleich Gliedern einer Kette ineinandergriffen."[111] F.G. Jünger stellt im Folgenden heraus, daß Hielscher im Kern zwar Theologe, aber dennoch weit davon entfernt gewesen sei, mit dem Christentum konform zu gehen. Etwas kritischer, aber dennoch wohlwollend äußerte er sich in einem Brief an seinen Bruder über ihn: „Über Hielscher bin auch ich mir nicht im Reinen, kann aber auch nicht behaupten, daß er mir an jenem Frühlingstage in Leipzig sehr nahe gekommen ist. Dies verhinderte schon seine mit Schärfe gepaarte Schnoddrigkeit, die jedem herrischen Empfinden widerspricht. Doch glaube ich, daß er sehr nützlich werden kann."[112]

F.G. Jünger veröffentlichte nicht nur in nationalrevolutionären Zeitschriften, sondern auch in der Zeitung ‚Der Tag', die dem Verlagsimperium Alfred Hugenbergs angehörte. Neben Rezensionen von Kriegsbüchern ist hier ein Artikel mit dem Titel ‚Der entzauberte Berg'[113] besonders hervorzuheben, in dem er eine scharfe Polemik gegen Thomas Mann vortrug. Mann hatte zuvor in einem Interview den Franzosen „mehr geistige Erlaubnis zum Nationalismus"

---

[110] Vgl. Karl O. Paetel: *Versuchung oder Chance? Zur Geschichte des deutschen Nationalbolschewismus*, Göttingen 1965, S. 330.

[111] Friedrich Georg Jünger: *Spiegel der Jahre*, S. 46.

[112] Friedrich Georg Jünger an Ernst Jünger, 12. August 1927, zit. n. Fröschle: *Friedrich Georg Jünger und der „radikale Geist"*, S. 310.

[113] Friedrich Georg Jünger: *Der entzauberte Berg*, In: *Der Tag* vom 7. März 1928.

zugebilligt und die deutschen Nationalisten pauschal als dumpf und ungeistig dargestellt. Diese Ausführungen aufgreifend, sprach F.G. Jünger Mann generell die Befähigung ab, sich zu diesem Themenbereich äußern zu können. Manns Gedanken von einer Aussöhnung mit Frankreich verwarf er als feige Bequemlichkeit eines Phrasen dreschenden Literaten. F.G. Jüngers heftige Attacke ist im Hinblick darauf, daß Mann den Nationalisten die Fähigkeit abgesprochen hatte, mit der Waffe des Wortes kämpfen zu können, nicht verwunderlich. Schließlich waren er und sein Bruder Protagonisten einer nationalrevolutionären Bewegung, die ohne Zweifel das Gegenteil bewiesen hatte. Der Generalangriff F.G. Jüngers wurde von Mann nicht ohne Anerkennung von Jüngers leidenschaftlichem jugendlichem Enthusiasmus und seinen schriftstellerischen Fähigkeiten zur Kenntnis genommen. So schrieb er an Willy Haas mit einem etwas gönnerhaften Gestus: „Das prächtige kleine Donnerwetter, das ein junger Dynamitar und facistischer ‚Revolutionär' da auf mich herniederprasseln läßt, unter dem Titel ‚Der entzauberte Berg', ist schon lesenswert als dokumentarische Äußerung der Geistesverfassung einer gewissen politischen oder pseudopolitischen Jugend [...]. Als persönlich jungenhafte Temperamentsäußerung ist es nicht einmal unsympathisch, aber der absolute Mangel an Verantwortungsgefühl, der daraus spricht, gibt doch zu denken. Hat dieser sogenannte Nationalismus mit Vaterland oder irgendeiner Idee des Vaterlandes noch etwas zu tun? Mir scheint nicht. Es ist reine dynamische Romantik, die reine Verherrlichung der Katastrophe um ihrer selbst willen, im Grunde Belletristik."[114]

Das Verständnis, das Mann seinem jungen Kritiker zukommen ließ, ist im Hinblick auf seine eigene publizistische Vergangenheit nachvollziehbar. So hatte er selbst in den ‚Betrachtungen eines Unpolitischen'[115] gegen die „Zivilisationsliteraten" polemisiert und der Demokratie westlicher Prägung ein als spezifisch deutsch angesehenes Politikverständnis von autoritärer Innerlichkeit entgegengehalten.

Als Friedrich Hielscher Ende Mai 1928 die Schriftleitung des ‚Vormarsch' übernahm, wurde die Zeitschrift, die nun den Untertitel ‚Kampfschrift des deutschen Nationalismus' trug, auf einen antiwestlichen und antikolonialistischen Kurs eingeschworen. Dies kam unter anderem darin zum Ausdruck, daß unter der Rubrik ‚Vormarsch der Nationen' auch Stimmen aus China, Indien, Japan

---

[114] Thomas Mann: *Briefe 1889 – 1936*. Herausgegeben von Erika Mann, Frankfurt/Main 1961, S. 278.

und anderen Ländern zu Wort kamen. Grundiert war diese neue programmatische Ausrichtung durch Hielschers wenig später in Buchform dargelegte, dezidiert antirömische und antikatholische, dafür den Stauferkaiser Friedrich II., Luther, Friedrich den Großen sowie Goethe und Nietzsche glorifizierende „Reichstheologie".

Der hinter der Zeitschrift stehende Vormarsch-Verlag, der unter der Kontrolle des Putschisten Erhardt stand, hatte im Sommer 1928 die Restexemplare des ‚Aufmarsch des Nationalismus' übernommen, die nun in neuer Aufmachung wieder vermarktet wurden. Während das Buch 1926 nur wenige Leser erreicht und kaum Aufmerksamkeit erregt hatte, geriet es nun ins Visier der Berliner Polizei, vermutlich deshalb, weil die politischen Aktivitäten Erhardts unter besonderer Beobachtung standen.[116] In der polizeilichen Bewertung des Buches hieß es, „daß die Übernahme der Staatsgewalt durch den soldatischen Verband gewaltsam unter Sturz der heutigen Verfassung" beabsichtigt wird, „und daß dies in naher Zukunft erfolgen soll, die Ausführungen also ein bestimmtes hochverräterisches Unternehmen im Auge haben". Diese Auffassung wurde anscheinend auch vom Oberstaatsanwalt am Reichsgericht in Leipzig geteilt, der als höchster Ankläger des Staates am 21. August 1928 eine Strafsache gegen F.G. Jünger und seine Gesinnungsgenossen wegen Aufforderung zum Hochverrat einleitete. Nachdem der Angeklagte in einer Vernehmung beteuert hatte, daß es ihm lediglich um die „Vorbereitung der geistigen Revolution" und nicht um einen gewaltsamen Staatsumsturz gegangen sei, wurde das Verfahren am 8. Dezember 1928 eingestellt. Es steht natürlich außer Zweifel, daß F.G. Jünger in der Mitte der zwanziger Jahre einen nationalrevolutionären Putsch durchaus wohlwollend betrachtet hätte. Die Annahme, der Beschuldigte könnte als Rädelsführer einer derartigen Unternehmung in Erscheinung treten, zielte jedoch meilenweit an der Realität vorbei. So war F.G. Jünger zu keiner Zeit Schriftleiter eines revolutionären Blattes und verfügte darüber hinaus über keine aktionsbereite Anhängerschaft. Insofern läßt sich sagen, daß die Deutung von Thomas Mann, der dem jungen Publizisten eher belletristische als politische Qualitäten zuschrieb, weitaus mehr zutraf als die Verdächtigungen und Mutmaßungen des obersten Staatsanwalts der Weimarer Republik.

---

[115] Thomas Mann: *Betrachtungen eines Unpolitischen*, Berlin 1918.
[116] Vgl. Fröschle: *Friedrich Georg Jünger und der „radikale Geist"*, S. 371 ff.

F.G. Jüngers Kooperation mit dem Vormarsch-Verlag gestaltete sich mehr als bescheiden. So erschienen lediglich drei Artikel aus seiner Feder, von denen einer auch nur ein Vorabdruck[117] aus dem von E. Jünger herausgegebenen Sammelband ‚Die Unvergessenen'[118] gewesen ist. Wenn er schon nicht auf der quantitativen Ebene Maßstäbe setzte, so doch hinsichtlich seiner Radikalität. Im Juni 1928 veröffentlichte er in Hielschers ‚Vormarsch' eine Sammlung von insgesamt 30 Aphorismen, denen er den mysteriösen Titel ‚Dreikanter'[119] gegeben hat. Geologisch handelt es sich bei solchen um ein durch Winderosion über Jahrmillionen geformtes Gesteinsphänomen. Der Autor zielte offenbar darauf ab, eine geistige Grundhaltung zu skizzieren, die, zumindest in seiner Vorstellungswelt, eine vergleichbare Widerstandskraft und Härte besitzen soll wie ein Gestein, das trotz der Erosionskräfte seiner Substanz nicht beraubt wird. Wie bereits in seiner politischen Publizistik unterließ er es auch in dieser philosophisch-künstlerischen Ausdrucksform nicht, darauf hinzuweisen, daß er ein begrifflich-rationalistisches Denken für überflüssig hielt und eine von Abstraktionen freie Symbiose von Mensch und Leben anstrebte. Doch gingen seine Aphorismen weit über diese philosophische Grundhaltung der Nationalrevolutionäre hinaus. So sprach er sich dafür aus, die Todesstrafe nicht länger als ein moralisch-dialektisches Problem zu erörtern und Mördern ein „Recht" auf Hinrichtung einzuräumen: „Welch ein Bild ist dies, wenn der Mörder vergeblich um seine Exekution bettet."[120]

Während die Todesstrafe heute noch in einem demokratischen Staat wie den USA zur Anwendung kommt, dürfte F.G. Jüngers Ansicht, daß die Möglichkeit, mit der Guillotine „schnell" und „schmerzlos" töten zu können, ein „entschiedener Fortschritt" sei, kaum noch Zustimmung finden. Erschreckenderweise bewertete er neben der Guillotine auch das Maschinengewehr und selbst Giftgas als Mittel zur „Bevölkerungsregulierung", was mit seiner einige Jahre später voll zur Entfaltung kommenden Technikkritik nicht so recht zusammenpaßt: „Man mag

---

[117] Friedrich Georg Jünger: *Des roten Kampffliegers Ende. Manfred von Richthofen zum Gedächtnis.* In: *Der Vormarsch*, 1. Jg., Nr. 6, November 1927, S. 119 – 120.

[118] Ernst Jünger (Hrsg.): *Die Unvergessenen*, Berlin 1928. Mit Beiträgen von Friedrich Georg Jünger über Otto Braun, Hermann Löns, Manfred von Richthofen, Gustav Sack, Albert Leo Schlageter, Maximilian von Spee und Georg Trakl.

[119] Friedrich Georg Jünger: *Dreikanter*. In: *Der Vormarsch. Kampfschrift des deutschen Nationalismus*, 2 Jg., Nr. 1, Juni 1928, S. 16 – 18.

[120] Ebd. S. 16.

einwenden, was man will; es läßt sich nicht leugnen, daß die Mittel der Vernichtung mit dem Wachstum der Bevölkerung in Einklang gebracht werden müssen. Das Aufkommen des Bürgertums, des Proletariats bedingt die Erfindung geeigneter Vernichtungsmaschinen [...] Endlich: wäre es nicht ein furchtbarer Gedanke, die Demokraten mit Knüppeln totschlagen zu müssen? Wohin sollen so fruchtlose Anstrengungen führen. Die wachsende Oekonomie des modernen Lebens verlangt Präzisionsinstrumente der Vernichtung. So erscheint es denn notwendig, den Gaskrieg zu studieren und zur Entfaltung zu bringen."[121] In Anbetracht dessen, daß der späte F.G. Jünger eher als harmonieorientierter Charakter beschrieben wird, mutet de Radikalität solcher Ausführungen erstaunlich an. Es scheint fast so, als habe er durch die übersteigerte Formulierung seiner antiintellektuellen und antipazifistischen Weltanschauung in erster Linie provozieren wollen. Die Ursache dieses Bedürfnisses läßt sich heute kaum noch rekonstruieren. Dennoch ist sein Verhalten im Hinblick auf die vorausgegangenen Jahre durchaus nachvollziehbar. Schließlich hatte sich der „Neue Nationalismus" nicht auf breiter Front durchsetzen können, was an den Jünger-Brüdern nicht ohne Frustration vorbeigegangen seien dürfte. Bei F.G. Jünger, der nicht wie E. Jünger auf publizistische Großerfolge zurückblicken konnte und auch in den Kreisen der Nationalrevolutionäre keine besondere Führungsrolle einnahm, dürfte die Enttäuschung über die in seinen Augen verkrustete politische Situation besonders groß gewesen sein. Insofern liegt man sicherlich nicht falsch, wenn man die ‚Dreikanter'-Aphorismen vor allem als Ventil für angestaute Aggressionen deutet, die ihr Autor aufgrund seines eigentlich ausgeglichenen Charakters nicht anderweitig abbauen konnte. Wie sich Hielscher später erinnerte, sei es bei den Lesern des ‚Vormarsch' auch zu empörten Reaktionen gekommen. Allerdings hätten sich diese nicht gegen die antihumanistische Argumentation, sondern gegen einen Aphorismus gerichtet, der sich polemisch gegen den Sport wandte.[122] Wie dem auch sei – zweifelsohne stellt der ‚Dreikanter' eine Zäsur in F.G. Jüngers Publizistik da, weil sich seine Arbeit von nun an immer mehr von der politischen Schriftstellerei abwandte und der dichterisch-künstlerische Aspekt in den Vordergrund rückte.

---

[121] Ebd. S. 17.
[122] Vgl. Hielscher: *Fünfzig Jahre unter Deutschen*, S. 205.

Den dritten und letzten Beitrag zum ‚Vormarsch'[123] veröffentlichte F.G. Jünger in Form eines Gedichts im März 1929. Im Sommer desselben Jahres trat Hielscher von der Herausgeberschaft zurück, was zum einen finanzielle Gründe hatte und zum anderen der Tatsache geschuldet war, daß seine inhaltliche Linie den Positionen der traditionellen Rechten zum Teil diametral gegenüberstand. Nach dem Scheitern des ‚Vormarsch'-Projektes zog sich Hielscher für fast ein Jahr nach Dolzig in der Niederlausitz zurück, wo er in der ländlichen Abgeschiedenheit mit der Arbeit an seinem Hauptwerk ‚Das Reich'[124] begann, das er als „Theodizee des Reiches" verstanden wissen wollte. Im Sommer 1930 kehrte er nach Berlin zurück, wo er auf Anregung Franz Schauweckers die Gründung der Zeitschrift ‚Das Reich' vorbereiten sollte. Hiermit war der Grundstein für den legendären „Hielscher-Kreis" gelegt, der innerhalb des nationalrevolutionären Spektrums durch seine theologische Ausrichtung hervorstach.[125] Hielscher konnte recht namhafte Autoren für sein Zeitschriftenprojekt gewinnen. So schrieben unter anderem E. Jünger, Ernst von Salomon, Franz Schauwecker und Friedrich Wilhelm Heinz für ‚Das Reich'.

F.G. Jünger veröffentlichte darin lediglich einen Artikel,[126] der im Oktober 1930 erschien. In diesem faßte er seine politische Haltung prägnant zusammen. Bezugnehmend auf den sich anbahnenden Zusammenbruch der Weimarer Republik geißelte er die Demokratie als ein Instrument der Siegermächte des Weltkriegs, das einzig und allein dem Zweck diene, Deutschlands Rückkehr in die Weltpolitik zu verhindern. Gemäß der antikolonialistischen und „befreiungsnationalistischen" Programmatik Hielschers betonte er die Notwendigkeit, die unterdrückten Völker, vor allem freilich Deutschland, vom Joch der Fremdherrschaft befreien zu müssen: „Was macht die deutsche Position so gewichtig? Was macht sie zur Weltposition? Nichts anderes als die Tatsache, daß der deutsche Raum es ist, in dem die Linien der Entscheidung zusammenlaufen, daß der Schwerpunkt aller großen Kämpfe sich immer bedeutsamer ins Reich verlagert. Hier wird die

---

[123] Friedrich Georg Jünger: *Die Schlacht*. In: *Der Vormarsch*. Kampfschrift des deutschen Nationalismus, 2. Jg., Nr. 10, März 1929, S. 296 – 298.

[124] Friedrich Hielscher: *Das Reich*, Leipzig 1931.

[125] Vgl. Peter Bahn: *Die Hielscher-Legende. Eine panentheistische „Kirchen"-Gründung des 20. Jahrhunderts und ihre Fehldeutungen*. In: *Gnostika*, Heft 19, 2001, S. 63 – 76.

[126] Friedrich Georg Jünger: *Revolution und Diktatur*. In: *Das Reich*, 1 Jg., Nr. 1, Oktober 1939, S. 9 – 12.

Entscheidung darüber fallen, ob der anglo-amerikanische Wirtschaftsimperialismus herrschen soll, oder ob Deutschland diese Herrschaft verhindert. Hier entscheidet sich, ob Frankreich und seine Vasallen ihre Organisationen zur Schwächung und Niederhaltung der germanischen Mitte endgültig befestigen, d.h. den Westen Deutschlands latinisieren und romanisieren, den Osten polonisieren und tschechisieren. Hier fällt die Entscheidung über das Schicksal der Minderheiten und nicht nur der deutschen."[127]

F.G. Jünger ging es aber nicht nur um die Wiederherstellung der deutschen Nation mit Hilfe eines souveränen Staates. So sprach er Deutschland eine weltrevolutionäre Vorreiterrolle zu, die eines Tages umfassende Auswirkungen auf das globale Wirtschafts- und Gesellschaftsgefüge haben würde. Dieser Gedankengang findet sich häufig bei Autoren der Konservativen Revolution: Viele waren zu der Auffassung gelangt, daß Deutschland einen dritten Weg zwischen westlichem Liberalismus und östlichem Sozialismus gehen müsse, wobei der deutsche „Sonderweg" nicht nur auf Mitteleuropa beschränkt bleiben solle, sondern umfassende weltpolitische Veränderungen nach sich ziehen müsse. Dieser international angelegte Reformimpuls zielte primär darauf ab, die westlich-liberale Hegemonie zu brechen, aber auch einer Expansion des Kommunismus entgegenzuwirken. Gleichwohl stand Deutschland immer im Mittelpunkt des konservativ-revolutionären Denkens. So trat man nicht, wie vor allem die Kommunisten, mit dem Anspruch auf, ein allgemeingültiges Gesellschaftsmodell zu besitzen, was aber nicht ausschloß, daß man eine grundlegende Umgestaltung der internationalen politischen Beziehungen im Sinn hatte.

Als F.G. Jünger den Aufsatz ‚Revolution und Diktatur' niederschrieb, hatte das liberal-parlamentarische System in Deutschland längst die relative Stabilität verloren, die es Mitte der zwanziger Jahre trotz der sich abzeichnenden Krise noch gehabt hatte. Ein äußeres Kennzeichen, sowie eine der Ursachen dieser Entwicklung, bestand darin, daß sich immer größere Wählergruppen den Nationalsozialisten und Kommunisten anschlossen. Interessanterweise betrachtete F.G. Jünger beide Bewegungen mit einigem Wohlwollen, weil er in ihnen Vorboten einer großen revolutionären Umwälzung erblickte. Anscheinend befürwortete er alle Prozesse, die eine Beseitigung des Status quo zur Folge haben könnten, weshalb er sich gegenüber den Kommunisten mit – eigentlich zu erwartender – Polemik zurückhielt. Gleichzeitig ist aber auch eine deutliche Distanz zum Nationalsozialismus

---

[127] Ebd. S. 10.

erkennbar. F.G. Jünger stand mit seiner fundamental-oppositionellen Haltung ganz in der Tradition der Philosophie Friedrich Nietzsches: So ging es dem Autor hauptsächlich darum, den totalen Zusammenbruch der Weimarer Republik möglichst schnell herbeizuführen, damit auf den Nihilismus ein Aufbau aus nationalrevolutionärer Perspektive folgen könne. Gerade weil er dazu mit seinen bescheidenen publizistischen Mitteln nicht viel beitragen konnte, kam ihm die scheinbare Schützenhilfe vonseiten der Kommunisten und Nationalsozialisten durchaus gelegen.

Der jungkonservative Zweig der Konservativen Revolution hatte einige Hoffnungen in die Präsidialkabinette von Heinrich Brüning, Franz von Papen und Kurt von Schleicher gesetzt, versprachen diese Regierungen doch die sukzessive Zurückdrängung der parlamentarischen Demokratie und die Errichtung eines autoritären Staatswesens. F.G. Jünger machte in ‚Revolution und Diktatur' hingegen deutlich, daß er in der Regierung Brüning nur ein Provisorium sah, das niemals in der Lage sei, die nationalrevolutionären Kräfte zur Entfaltung bringen zu können: „Die neue Regierung wird an der rechtlichen und faktischen Anerkennung der deutschen Tributpflicht nicht rütteln. Sie wird die ungeheuren nationalrevolutionären Energien, die in Deutschland schlummern, nicht aufrufen und ihre vornehmste Aufgabe nicht darin erblicken, Organisatorin des Befreiungskampfes zu sein."[128] Hier übersah der Autor, daß Brüning durchaus bestrebt war, die Bestimmungen des Versailler Friedensdiktats zu lockern. Eine nationalrevolutionäre Umgestaltung von Staat und Gesellschaft wäre jedoch mit den Präsidialkabinetten, die von dem konservativ-bürgerlichen Reichspräsidenten Paul von Hindenburg abhängig waren, in der Tat kaum möglich gewesen.

Hielschers Ansinnen, eine metaphysische Fundierung des Reichsbegriffs vorzunehmen, stieß bei denjenigen Nationalrevolutionären, die mehr an der Tagespolitik interessiert waren, auf wenig Begeisterung. Ernst Niekisch beispielsweise, auf den im folgenden Kapitel noch genauer eingegangen wird, warf Hielscher vor, mit seiner Reichskonzeption den Staatsgedanken zu entwerten und die politischen Notwendigkeiten zu vernachlässigen;[129] und auch F.G. Jünger wandte sich gegen eine metaphysische Symbiose von „Innerlichkeit und Staatskunst".[130]

---

[128] Ebd. S. 12.

[129] Vgl. Ernst Niekisch: *Politischer Chiliasmus. Zu Friedrich Hielschers „Reich"*. In: *Widerstand*. Zeitschrift für nationalrevolutionäre Politik, 6. Jg., Heft 10, 1931, S. 295–302.

[130] Vgl. Friedrich Georg Jünger: *Die Innerlichkeit*. In: *Widerstand*. Zeitschrift für nationalrevo-

Hielscher hatte schon bevor seine Zeitschrift ‚Das Reich' kurze Zeit nach der nationalsozialistischen Machtübernahme eingestellt werden mußte, seinen Kreis sukzessive in eine „neuheidnische Freikirche" umgewandelt. Hierdurch glaubte er, wenigstens in einem kleinen Rahmen die bereits in seinen früheren Schriften immer wieder geforderte Einheit von Bekenntnis und Politik verwirklichen zu können. Es versteht sich von selbst, daß diese sektiererische Verbindung von Religion und Staatsphilosophie wenig Gemeinsamkeiten mit dem Nationalsozialismus aufwies, für den vor allem die Rassenideologie eine gewichtige Rolle spielte. So verstand Hielscher seine Kirche nicht umsonst auch als Widerstandskreis gegen das nationalsozialistische „Gesindel".[131]

Die erste offizielle liturgische Handlung des Kreises fand am 27. August 1933 statt. Dieses Datum gilt als das eigentliche Gründungsdatum der religiösen Gruppierung, die von Hielscher „Unabhängige Freikirche" genannt wurde.[132] Ein Grundprinzip der Unabhängigen Freikirche war die Vorstellung, daß Gott allen Dingen inhärent sei. Die in der christlichen Theologie vorherrschende dualistische Vorstellung einer Trennung von Schöpfer und Schöpfung wurde vom Hielscherkreis also verworfen. Gegen Ende der dreißiger Jahre wurde diese panentheistische, aber noch monotheistische Vorstellung zunehmend durch ein von der germanischen Mythologie inspiriertes Pantheon erweitert. Hielscher ging nun davon aus, daß es neben dem einen Gott auch zwölf „himmlische Boten" gäbe.

Obwohl F.G. Jünger mit dieser heidnischen und mystischen Theologie nicht viel anfangen konnte, ließ er sich, wie sein Bruder, von Hielscher stets über die Entwicklung der Unabhängigen Freikirche informieren.[133] Zu einem persönlichen Treffen zwischen beiden kam es nach der nationalsozialistischen Machtergreifung erstmals wieder 1938 in Überlingen am Bodensee.[134] 1941 gab es im Beisein der Ehefrauen ein weiteres Treffen in Kirchhorst, wo sich ein reger Gedankenaustausch über Fragen der Religion entwickelt haben soll. Obwohl F.G.

---

lutionäre Politik, 7. Jg., Heft 12, Dezember 1932, S. 362 – 363.
[131] Vgl. Hielscher: *Fünfzig Jahre unter Deutschen*, S. 237.
[132] Vgl. Friedrich Hielscher: *Die Leitbriefe der Unabhängigen Freikirche*, Schwielowsee 2009. Mit einer Einleitung von Peter Bahn.
[133] Vgl. den Briefwechsel zwischen Ernst Jünger und Friedrich Hielscher im Deutschen Literaturarchiv Marbach.
[134] Vgl. Hielscher: *Fünfzig Jahre unter Deutschen*, S. 208.

Jünger der Unabhängigen Freikirche distanziert gegenüberstand, war er offensichtlich bereit, sich auf Hielschers „Innerlichkeit" einzulassen. Nach 1945 schien Hielscher, trotz freundschaftlicher Kontakte zu einflußreichen Persönlichkeiten wie Theodor Heuß, jegliche Hoffnung verloren zu haben, mit seiner Staatsphilosophie Einfluß auf die politische Neugestaltung nehmen zu können, weshalb er dazu überging, sich fast nur noch mit spirituellen Dingen zu befassen, die er in dichterischer Form sowie in Gestalt von Traktaten und Lehrbriefen formulierte.[135] Eine große Bedeutung für den späten Hielscherkreis kommt auch der immer differenzierteren Ausbildung einer eigenen Liturgie und Kultpraxis zu.

Auch in der Nachkriegszeit blieben beide Autoren in Kontakt. Im Sommer 1956 plante der Norddeutsche Rundfunk eine Sendung, in der Hielscher und F.G. Jünger über dessen Buch ‚Die Perfektion der Technik' diskutieren sollten; dazu ist es aber letztlich nicht gekommen. Gerade ‚Die Perfektion der Technik' hatte großen Einfluß auf die Mitglieder der Unabhängigen Freikirche, die versuchten, in ihrem Alltagsleben möglichst ohne „Apparatetechnik" auszukommen.

Aufgrund interner Streitigkeiten bezüglich theologischer Fragen spaltete sich die Unabhängige Freikirche 1969/70 in einen dogmatischen, Hielscher als unbedingte Autorität akzeptierenden und einen „reformierten" Flügel. Die aus letzterem entstandene „Freie Kirche" bezog sich in ihren Publikationen ebenfalls explizit auf F.G. Jüngers Technikkritik.[136]

Trotz dieser Abspaltung blieb Hielscher bis 1984 Leiter und spiritueller Meister seiner Unabhängigen Freikirche. Infolge von Überalterung und persönlichen Differenzen, die aus Hielschers Dogmatismus – möglicherweise auch aus sakralisierten homoerotischen Kultpraktiken – resultierten, löste sich der Kreis immer weiter auf und beschränkte sich zuletzt fast nur noch auf Hielscher und seine Ehefrau. Im Alter von 88 Jahren, am 6. März 1990, verstarb Hielscher, ohne daß die Öffentlichkeit noch größere Notiz davon nahm.

---

[135] Siehe hierzu die an die Mitglieder seines Kreises adressierten ‚Leitbriefe der Unabhängigen Freikirche', die 2009 erstmals von Dr. Peter Bahn im Telesma-Verlag herausgegeben wurden.

[136] Vgl. Bahn: *Begegnungen Friedrich Georg Jüngers mit Friedrich Hielscher*, S. 94 f.

7 Ernst Niekisch und Friedrich Georg Jünger

Auch wenn die Jünger-Brüder der politisch-spirituellen Arbeit Hielschers niemals ihre Berechtigung absprachen, war ‚Das Reich' für sie nicht der ideale Ort, um den Gedanken des „Neuen Nationalismus" weiter zu entwickeln und zu verbreiten.[137] Insofern ist es nicht verwunderlich, daß sie 1928 die Möglichkeit einer neuen Zeitschrift erwogen. Im selben Jahr hatten die Brüder den in Dresden lehrenden Philosophen und Pädagogen Alfred Baeumler kennengelernt, der nach 1933 als Leiter des neugegründeten „Instituts für politische Pädagogik" an der Berliner Universität und seit 1936 als Reichsamtsleiter im „Amt Rosenberg" Karriere machte. F.G. Jünger tilgte vermutlich seine gesamte Korrespondenz mit Baeumler aus seinem Nachlaß, weil er offensichtlich nach 1945 nicht mit einem führenden Vertreter der nationalsozialistischen Diktatur in Verbindung gebracht werden wollte.

Baeumler hatte Ernst Niekisch 1928 von Dresden nach Berlin geholt; den Brüdern dürfte er zumindest durch die Zeitschrift ‚Widerstand' bekannt gewesen seien, für die E. Jünger bereits publiziert hatte. Dem Dresdner Philosophen ist es letztendlich zuzuschreiben, daß sich beide Jüngers im Spätherbst 1928 bereit erklärten, die Zeitschrift nachhaltig zu unterstützen.

Niekisch war am 23. Mai 1889 in Trebnitz (Schlesien) als Sohn eines Feilenhauermeisters geboren worden;[138] schon früh zog die Familie allerdings nach Bayern, wo er nach seinem widerwillig absolvierten Militärdienst (1908/1909) in Nördlingen in den Schuldienst eintrat. Besonders großen Einfluß auf den jungen Niekisch hatten Friedrich Nietzsche, Leopold von Ranke und Max Weber – gleichwohl wurde er durch die Lektüre von Karl Marx auch für die sozialistische Bewegung begeistert. Im Gegensatz zu den Jünger-Brüdern und den meisten anderen konservativen Revolutionären verspürte er 1914 keine Euphorie. Dennoch vertrat er schon während des Krieges eine antibürgerliche Haltung, die auch für F.G. Jünger und E. Jünger kennzeichnend war. Aufgrund eines Augenleidens wurde er lediglich in der Rekrutenausbildung eingesetzt, um bereits 1917 wie-

---

[137] Vgl. zum Folgenden Fröschle: *Friedrich Georg Jünger und der „radikale Geist"*, S. 333 ff.
[138] Vgl. zur Biographie Friedrich Kabermann: *Widerstand und Entscheidung eines deutschen Revolutionärs. Leben und Denken von Ernst Niekisch*, 2. Aufl., Koblenz 1993 [1. Aufl. 1973].

der seine Tätigkeit als Volksschullehrer aufzunehmen. Die bolschewistische Oktoberrevolution in Rußland und der damit einhergehende Rätegedanke waren sein eigentliches politisches Erweckungserlebnis. Infolge der Novemberrevolution bot sich auch in Deutschland bald die Gelegenheit zu einer radikalen politischen Praxis: Als im Januar 1919 der Augsburger Vertreter im Münchner Zentralrat zurücktrat, wurde Niekisch an seine Stelle gesetzt und bald zum Präsidenten dieser Einrichtung gewählt. Nach dem Mord an dem Ministerpräsidenten Kurt Eisner am 21. Februar 1919 und der damit einhergehenden Auflösung seiner Regierung ging die vollziehende Gewalt vorübergehend an den Zentralrat über, so daß Niekisch für fast einen Monat Inhaber der obersten Gewalt in Bayern war.

An der Münchner Räterepublik (7. April – 2. Mai 1919), die von Freikorps gewaltsam niedergeschlagen wurde, beteiligte er sich nach eigener Aussage nicht. Nichtsdestotrotz wurde er, nachdem die Truppen der Regierung Hoffmann die Kontrolle in Bayern zurückgewonnen hatten, am 5. Mai verhaftet und wegen „Beihilfe zum Hochverrat" zu zwei Jahren Festungshaft verurteilt. Diese Zeit nutzte er, um sich unter anderen mit Oswald Spenglers geschichtsphilosophischem Monumentalwerk ‚Der Untergang des Abendlandes' auseinanderzusetzen. Noch am Tag seiner Verhaftung war Niekisch aus Protest gegen die gewaltsame Niederschlagung der Münchner Räterepublik aus der SPD aus- und in die USPD eingetreten; schließlich war das Blutvergießen durch den SPD-Ministerpräsidenten Johannes Hoffmann nicht verhindert worden. Nach seiner Haftentlassung nahm er seine parteipolitische Karriere sofort wieder auf. So wurde er erst Fraktionsführer der USPD im bayerischen Landtag und, nach der Wiedervereinigung von SPD und USPD im Jahre 1922, stellvertretender Fraktionsvorsitzender der SPD. Bedrängt durch rechtsradikale Kreise, die ihm mit „physischer Eliminierung" drohten, zog er sich jedoch bald aus der bayerischen Landespolitik zurück.

1926 verließ Niekisch, um einen Ausschlußverfahren zuvorzukommen, endgültig die SPD und schloß sich der Alten Sozialdemokratischen Partei (ASP) an. Zuvor hatte er sich mit seinen Ansichten innerhalb der SPD isoliert, weil er die Partei auf einen nationalen Souveränitätskurs einschwören wollte und, in Abkehr vom westlichen Kapitalismus, ein Bündnis mit Rußland forderte.

Im Sommer 1926 gründete Niekisch zusammen mit einigen Mitstreitern die Zeitschrift ‚Widerstand – Blätter für sozialistische und nationalrevolutionäre

---

[139] Vgl. Uwe Sauermann: *Die Zeitschrift „Widerstand" und ihr Kreis. Die publizistische Entwicklung*

Politik'[139], die sich innenpolitisch für eine auf „Nation, Staat, Arbeiterschaft und Sozialismus" ausgerichtete Politik aussprach und außenpolitisch die Rückkehr Deutschlands als Großmacht forderte. 1928 rief Niekisch zusammen mit seiner Frau den Widerstands-Verlag ins Leben und unterließ es künftig, seine Zeitschrift im Untertitel „sozialistisch" zu nennen. Offensichtlich verlor für ihn die sozialreformerische Komponente zunehmend an Bedeutung. Obwohl Niekisch mit seinem Verlag unter ständigen Geldsorgen litt, konnte er namhafte Autoren für eine Mitarbeit gewinnen. So publizierten bald Schlüsselfiguren des jungkonservativen Spektrums wie Othmar Spann, Wilhelm Stapel und August Winnig im Widerstands-Verlag.

F.G. Jünger veröffentlichte seinen ersten Artikel[140] in der nationalrevolutionären Zeitschrift im Frühjahr 1929 unter den Pseudonym „Gregor Werl". Es ist davon auszugehen, daß noch weitere Texte aus seiner Feder im ‚Widerstand' erschienen sind, bei denen der Autorenname nicht explizit genannt wurde. Auch wenn sein Publikationsschwerpunkt darin bestand, finanziell gut honorierte Buchrezensionen für die Zeitung ‚Der Tag' zu schreiben, engagierte sich F.G. Jünger außerordentlich intensiv für den ‚Widerstand', indem er sich ein Jahr lang als „Hilfsredakteur"[141] zur Verfügung stellte.

Im Sommer folgte die Publikation eines Gedichts[142] und einer weiteren Polemik[143] gegen Thomas Mann. In dieser wandte sich der Autor gegen die

---

eines Organs des extremen Nationalismus und sein Wirkungsbereich in der politischen Kultur Deutschlands 1926 – 1934, Augsburg 1984.

[140] Gregor Werl [d.i. Friedrich Georg Jünger]: *Chaplin*. In: *Widerstand. Zeitschrift für nationalrevolutionäre Politik*, 4. Jg., Nr. 1, Januar 1929, S. 15 –19.

[141] Vgl. Ernst Niekisch: *Gewagtes Leben. Begegnungen und Begebnisse*, Köln/Berlin 1958. Hier schrieb Niekisch über F.G. Jünger (S. 188): „War Dr. jur., nahm aber kein Amt an, sondern lebte von einer geringen Kriegsbeschädigtenrente. Seine Geistigkeit hatte etwas Antik-Helles; er sah die Tiefe der Dinge klar, ohne mystische Vernebelung. Über ein Jahr stellte er sich als Hilfsredakteur dem Widerstand zur Verfügung. Etliche vortreffliche Aufsätze [...] entstammten seiner Feder."

[142] Friedrich Georg Jünger: *Der Fährmann*. In: *Widerstand. Zeitschrift für nationalrevolutionäre Politik*, 4. Jg., Nr. 5, Mai 1929, S. 139.

[143] Friedrich Georg Jünger: *Konstruktionen und Parallelen*. In: *Widerstand. Zeitschrift für nationalrevolutionäre Politik*, 4. Jg., Nr. 6. Juni 1929, S. 177 – 181.

„Konstruktionen und Parallelen" Manns, der in dem Aufsatz ‚Die Stellung Freuds in der modernen Geistesgeschichte'[144] versucht hatte, eine geistige Verwandtschaft zwischen Friedrich Nietzsche und der Psychoanalyse herzustellen. F.G. Jünger legte hingegen dar, daß Nietzsches Denken nicht mit den lebensfeindlichen und antimetaphysischen Vorstellungen Freuds in Einklang zu bringen sei und dessen aufklärerische Voraussetzungen überwunden habe: „Denn nichts anderes ist die Freudsche Psychoanalyse als der konzentrierte Haß gegen das Metaphysische, Wut gegen den elementarischen Kern der Welt, Grimm gegen das Schicksal, ein Dolchstoß in den Rücken jeden Lebens, das sich dem Heroischen verpflichtet weiß. Was verbindet sie demnach mit einem heroischen Denker wie Nietzsche, was mit dem metaphysischen Interesse und der Nachtliebe von Novalis?"[145]

Wie anfangs erwähnt, hatte Mohler in seiner Dissertation über die ‚Konservative Revolution in Deutschland' zu Recht festgestellt, daß die Philosophie Nietzsches innerhalb dieses ideengeschichtlichen Spektrums eine zentrale Stellung einnahm. Es steht natürlich außer Frage, daß Nietzsches Gesamtwerk[146] Interpretationen zuläßt, die ihn als Fortsetzer der Aufklärung unter anderem Vorzeichen erscheinen lassen. Inwiefern es sich bei derartigen Deutungen um projektive Konstruktionen oder um werkgerechte Analysen handelt, soll an dieser Stelle nicht erörtert werden. Manns Präsentation Nietzsches als Wegbereiter der Psychoanalyse und Vollender des Liberalismus mußte unwillkürlich zu Abwehrreaktionen im konservativrevolutionären Lager führen, weil insbesondere der nationalrevolutionäre Flügel von dem metaphysischen Denken des Philosophen sowie seinen Diagnosen zur Feststellung und Überwindung des Nihilismus beeinflußt war. Insofern ist es verständlich, daß F.G. Jünger zum zweiten Mal eine grundlegende und scharfe Polemik gegen Thomas Mann vortrug.

Auch in seinen Beiträgen für den ‚Widerstand' machte F.G. Jünger deutlich, daß er nicht gewillt war, seinen Radikalismus zu mäßigen. So konstatierte er in dem Essay ‚Vom Geist des Krieges': „Wenn man uns vorwirft, daß wir mit Dynamit spielen, so entgegnen wir, daß wir nicht damit spielen wollen, sondern daß wir das Dynamit in jeder Form verehren und es unbedenklich gegen

---

[144] Thomas Mann: *Die Stellung Freuds in der modernen Geistesgeschichte*. In: Adolf Josef Storfer (Hrsg.): *Die psychoanalytische Bewegung*, 1. Jg., Nr. 1, Mai/Juni 1929, S. 3 – 32.
[145] Ebd. S. 180.
[146] Vgl. Ernst Nolte: *Nietzsche und der Nietzscheanismus*, Frankfurt/Main 1990.

jede Form in Anwendung bringen werden, die eine deutsche Dynamik nicht verwirklicht."[147] Im weiteren Verlauf des Artikels hob der Autor nicht nur seinen kompromißlosen Anti-Pazifismus hervor, sondern polemisierte auch gegen die Versöhnungsambitionen der europäischen Völker: „Wir werden Europa in die Luft sprengen, die Skythen Freunde nennen und mit den Tataren aus einem Kelche Brüderschaft trinken. Wir werden auf dem Götzen der Ordnung tanzen, ihn frech verhöhnen und seine Baalspriester mit dem Messer Daniels schlachten. Der Geist des Vaterlandes grimmt in unseren Bäuchen; er will sich eine Stimme schaffen, die gleich Posaunen das feste Jericho der europäischen Brüderschaft umwandelt und seine Mauern zu Fall bringt."[148]

Auch wenn der Text eher von poetischer Emphase als von politischer Programmatik zeugt, sticht die unverminderte Radikalität seiner Ausführungen ins Auge. Besonders auffällig ist die – etwas erklärungsbedürftige – anarchistische Stoßrichtung des Aufsatzes. Es wäre natürlich unsinnig, F.G. Jünger den Willen zu konkreten politischen Veränderungen absprechen zu wollen. Aber es scheint so, als müsse seine anarchistische Totalopposition vor allem auch als dichterisch-künstlerisches Stilmittel aufgefaßt werden. Sicherlich ist sein Radikalismus auch vor dem Hintergrund zu verstehen, daß es F.G. Jünger zeitlebens kaum gelang, aus dem Schatten seines berühmten Bruders zu treten. Die überspitzte Formulierung nationalrevolutionärer Programmatik sowie seine polemischen Amokläufe waren, durch seine lyrische Begabung verstärkt, sicher für ihn ein Mittel, um die Aufmerksamkeit zu erlangen, die ihm über weite Strecken seines Lebens verwehrt wurde.

Daß der in seinem Privatleben als harmoniebedürftig geltende F.G. Jünger seine anarchistischen Ausfälle doch nicht unbedingt in die Tat umgesetzt sehen wollte, zeigt ein Aufsatz mit dem Titel ‚Der Bombenschwindel'[149], der 1929 im ‚Widerstand' veröffentlicht wurde. Hintergrund dieses Artikels waren Sprengstoffanschläge des „revolutionären Landvolks", das Mohler der Konservativen Revolution zugeordnet hat. Von 1926 bis 1928 waren in Deutschland 4896 Betriebe zur

---

[147] Friedrich Georg Jünger: *Vom Geist des Krieges*. In: *Widerstand*. Zeitschrift für nationalrevolutionäre Politik, 4. Jg., Nr. 8, August 1929, S. 225.

[148] Ebd. S. 229.

[149] Friedrich Georg Jünger: *Der Bombenschwindel*. In: *Widerstand*. Zeitschrift für nationalrevolutionäre Politik, 4. Jg., Nr. 10, Oktober 1929, S. 291 – 295.

[150] Vgl. zum Landvolk Karl Otto Paetel. *Nationalbolschewismus und nationalrevolutionä-*

Zwangsversteigerung freigegeben worden.[150] Mit der Weltwirtschaftskrise von 1929 verschärfte sich die Krise zusätzlich. Die Landvolkleute um ihren Führer Claus Heim proklamierten: „Das Landvolk kämpft gegen das jüdisch parlamentarische System, also gegen dessen Korruption und Kadavergehorsam, die Brüder- und Klassenkampf auslösen, kämpft gegen alle Verträge und Bindungen, die es wirtschaftlich vernichten und an das internationale Großkapital ausliefern [...], verweigert nach wie vor diesem System und seinen Handlangern jede Mitarbeit; von ihm abgeschlossene Verträge erkennt es nicht an, lehnt den Einfluß von jüdischem Giftgeist über den Weg von Zeitung, Theater und Literatur ab und wird durch keine Handlung Juden geschäftlich unterstützen."[151]

Auch wenn derartige antijüdische Parolen in den nationalrevolutionären Zirkeln nicht unbedingt geteilt wurden, kam es doch zu einer intensiven Zusammenarbeit zwischen beiden Lagern. Das revolutionäre Potential der Landvolkbewegung zeigte sich, als 1928 in Schleswig-Holstein 140 000 Bauern aufmarschierten und es auch zu Bombenanschlägen auf öffentliche Einrichtungen (z.B. auf das Reichstagsgebäude) kam. Auch wenn F.G. Jünger der militanten Selbsthilfe des Landvolkes durchaus Verständnis entgegenbrachte, lehnte er doch die Gewalt gegen Sachen entschieden ab: „Es ist eine Narretei, Hauswände zu demolieren, wenn es darum geht, ein ganzes politisches System ad absurdum zu führen, wenn es sich darum handelt, den europäischen Verein zur friedlichen Auspowerung Deutschlands in die Luft gehen zu lassen."[152]

Hier wird offensichtlich, daß F.G. Jünger trotz seiner publizistischen Militanz vor realen Gewaltakten zurückschreckte. So kam für ihn eine Beseitigung der parlamentarischen Demokratie mit gewalttätigen Mitteln nicht in Frage. Gewaltverherrlichende Äußerungen, die sich unter anderem im ‚Dreikanter' finden, sollten dementsprechend als rebellische Lyrik und nicht als realpolitische Programmatik verstanden werden.

1930 veröffentliche F.G. Jünger eine erweiterte Fassung[153] des Artikels ‚Vom Geist des Kriegers' in dem von seinem Bruder herausgegebenen Sammelband

---

re Bewegungen in Deutschland. Geschichte, Ideologie, Personen, 2. Auflage, Schnellbach 1999. (1. Auflage: 1965), S. 106 ff.

[151] Zit. n. ebd. S. 107.

[152] Jünger: *Bombenschwindel*, S. 293 f.

[153] Friedrich Georg Jünger: *Krieg und Krieger*. In: Ernst Jünger (Hrsg.): *Krieg und Krieger*, Berlin 1930, S. 53 – 67.

‚Krieg und Krieger'. Auch zwölf Jahre nach Beendigung des Ersten Weltkriegs war der Autor davon überzeugt, daß Krieg nicht nur zerstörerisch, sondern auch schöpferisch wirke. Zur industriellen Welt schien der Autor zu dieser Zeit noch ein recht unkritisches Verhältnis gehabt zu haben: „Die Maschinenwelt rückt in die Schlacht ein, konstruiert, gebaut, bedient und gerichtet von einer Armee technisch geschulter Intelligenzen, die sich schweigsam und zuverlässig jahrelang in den Zonen der Vernichtung ansiedeln."[154] Obwohl F.G. Jünger hier offenbar noch stark unter dem Einfluß seines Bruders stand, läßt sich zwischen den Zeilen doch schon eine allmählich anwachsende Skepsis gegenüber der eigendynamischen Expansion der Technik herauslesen.

Der künstlerisch-avantgardistisch motivierte politische Radikalismus F.G. Jüngers spiegelte sich auch in der Lebensweise des Dreißigjährigen wider. So versuchte er gar nicht erst, sich als Jurist zu etablieren und ein bürgerlich-geregeltes Leben zu führen. Als aktives Mitglied einer „nationalistischen Boheme" gehörten für ihn ständige Wohnungswechsel, ein elitäres äußeres Erscheinungsbild und ein obligatorisch knappes Budget zum Alltag. Diese nonkonformistische Daseinsform und dabei insbesondere der intensive Kontakt zu intellektuellen Zirkeln, in denen die Ausarbeitung extremer Ideen zum Alltag gehörte, sollten bei der Interpretation von F.G. Jüngers politischer Publizistik immer im Auge behalten werden. So sind seine politischen Positionen und sein Hang zur Ästhetisierung seiner schriftstellerischen Arbeit nicht nur Substrate des Kriegserlebnisses, sondern eben auch Nebenprodukte einer nationalistisch-revolutionären Boheme-Kultur, die insbesondere im Berlin der Weimarer Republik ihre Blütezeit hatte.

In diesem Kontext muß auch F.G. Jüngers Beteiligung an dem demokratiekritischen Buch ‚Das Gesicht der Demokratie',[155] das 1931 erschien, gesehen werden. In diesem Band wurden zahlreiche mit polemischen Kommentaren versehene Fotos von Persönlichkeiten und Ereignissen der Weimarer Republik veröffentlicht. Hierdurch wollte der Verfasser Edmund Schultz das „wahre Gesicht" der Demokratie entlarven, um zu zeigen, „daß jede Form der Demokratie, die heute herrscht, nicht mehr lebensfähig ist."[156] F.G. Jünger, der sich in den Jahren zuvor schon oft über Versailles, das Weimarer Parteiensystem, die Herrschaft des

---

[154] Ebd. S. 56.
[155] Friedrich Georg Jünger: *Einleitung*. In: Edmund Schultz (Hrsg.): *Das Gesicht der Demokratie. Ein Bilderwerk zur Geschichte der deutschen Nachkriegszeit*, Leipzig 1931, S. 1 – 24.
[156] Schultz: *Das Gesicht der Demokratie*, S. 152.

Geldes usw. geäußert hatte, verfaßte dazu die Einleitung, trug darin aber nicht allzu viel Neues vor. Es fällt jedoch auf, daß die Rolle des Staates für ihn eine hervorgehobene Rolle spielte. So warf er dem parlamentarischen System vor, in die Sphäre des Staates einzudringen und damit einer „Entstaatlichung" Vorschub zu leisten. Hier griff er erneut die Pluralismus-Kritik auf, die Carl Schmitt in seinen Schriften ausführlich behandelt hatte. Interessanterweise führte F.G. Jünger auch schon den Terminus des „Arbeiters" ein, den sein Bruder im folgenden Jahr in seinem berühmten Buch ‚Der Arbeiter – Herrschaft und Gestalt'[157] einer umfassenden Deutung unterziehen sollte: „Die Kraft des sozialistischen Protests nimmt in dem Maße ab, in dem der Bürger, in dem jeder Deutsche sich in einen Arbeiter verwandelt, ein Vorgang, der im unaufhaltsamen Fortschreiten begriffen ist [...]. Ein Typus des arbeitenden Menschen, der mit sozialen Kategorien nicht mehr zu fassen ist, ist hier im Heranwachsen."[158] F.G. Jünger sah also mit dem Arbeiter eine Gestalt in die Geschichte eintreten, die zu einer signifikanten Umformung der bürgerlichen Gesellschaft und der parlamentarischen Demokratie führen müsse. Hieraus wird der nach wie vor sehr intensive geistige Austausch zwischen den beiden Brüdern ersichtlich. Darüber hinaus wird aber auch deutlich, daß der Jüngere sich zu Beginn der dreißiger Jahre noch nicht zu einer eigenständigen Linie hat durchringen können.

Die früheren politischen Schriften F.G. Jüngers waren von einer scharfen Polemik gegen die Demokratie geprägt, die er als minderwertige Herrschaftsform betrachtete. Von dieser undifferenzierten Sichtweise wandte er sich in der Einleitung zum ‚Gesicht der Demokratie' merklich ab. Abgesehen davon, daß er nun verhältnismäßig moderate Töne anschlug, unterschied er jetzt, vermutlich beeinflußt von Carl Schmitts Buch über die ‚Geistesgeschichtliche Lage des heutigen Parlamentarismus', strikt zwischen Parlamentarismus und Demokratie. Davon ausgehend, daß Demokratie das sei, „was das Volk will",[159] kam er zu der Auffassung, daß der souveräne Wille des Volkes zu politischen Herrschaftsformen führen müsse, die mit dem parlamentarischen Gedanken kaum zu vereinbaren seien. F.G. Jünger, der mit dieser Argumentation die Errichtung eines aus der Volkssouveränität hergeleiteten, aber gerade deshalb autoritären Staates im Auge hatte, näherte sich durch den Verzicht auf nihilistisch-anarchistische Polemik

---

[157] Ernst Jünger: *Der Arbeiter. Herrschaft und Gestalt*, Hamburg 1932.
[158] Jünger: *Das Gesicht der Demokratie*, S. 11 f.
[159] Ebd. S. 17.

nun deutlich den gemäßigteren jungkonservativen Positionen an. Freilich dürfte dies auch auf die Konzeption des Sammelbandes zurückzuführen sein, der eben nicht als nationalrevolutionäre Kampfschrift gedacht war. Dennoch weist eine Interpretation, die in der Einleitung zum ‚Gesicht der Demokratie' eine gewisse Abkehr von den publizistischen „Amokläufen" des frühen F.G. Jünger erkennt, sicher in die richtige Richtung. Versöhnlich zeigte sich der Autor gegenüber den Kampfbünden: „Von der Idee dieser Kampfbünde zum autoritären Staate, der den Lebens- und Machtkampf der Nation organisiert, führt ein Weg, der wohl übersehbar ist."[160] Nach den heftigen Auseinandersetzungen, die die Brüder mit den Kampfbünden führten, ist dies ein weiteres Indiz für eine allmähliche Abkehr von den radikalen Positionen seiner publizistischen Frühphase. Der moderate Ton der Einleitung hinderte das Innen- und Justizministerium aber nicht daran, zeitweise ein Verbot des Buches zu prüfen.[161] Offenbar reichte dessen staatsfeindliche Tendenz jedoch nicht aus, um dieses Ansinnen in die Tat umzusetzen.

Nach der bereits angeführten Polemik gegen Hielschers Innerlichkeitsbegriff, die dessen in Jüngers Augen unpolitisch-naive Haltung kritisierte (allerdings wird Hielscher in dem Artikel namentlich nicht genannt), legte F.G. Jünger eine Publikationspause ein, die bis zum Frühjahr 1934 dauern sollte. In der Zwischenzeit hatte Adolf Hitler mit seinen Gefolgsleuten am 30. Januar 1933 die Regierungsgeschäfte in Deutschland übernommen. Die Präsidialkabinette, die F.G. Jünger aufgrund ihrer Rolle als Dauerkompromiß und Provisorium abgelehnt hatte, konnten dem Siegeszug der NSDAP aufgrund ihrer fehlenden Akzeptanz innerhalb des deutschen Volkes nichts entgegensetzen.

Es war sicher kein Zufall, daß F.G. Jünger gerade in dieser politischen Umbruchphase vorübergehend verstummte. Aufgrund fehlender Quellen läßt sich über die Gründe jedoch nur spekulieren. Es wäre aber denkbar, daß er aufgrund der sich überschlagenden welthistorischen Geschehnisse schlichtweg überfordert war. Schließlich war an die Stelle des von ihm bekämpften Parlamentarismus eine dynamische Bewegung getreten, deren Zielsetzungen 1933 noch kaum abschätzbar waren. Insofern ist sein Schweigen wohl damit zu erklären, daß er erst einmal die weitere Entwicklung abwarten wollte. Obwohl er die Ausschaltung der Parteien und des Parlaments begrüßt haben dürfte, lassen sich keine Hinweise

---

[160] Ebd. S. 21.
[161] Vgl. Geyer: *Friedrich Georg Jünger*, S. 74.

darauf finden, daß F.G. Jünger sein skeptisches Verhältnis gegenüber Adolf Hitler revidiert hätte.

Am 4. April 1934 meldete er sich schließlich wieder mit einem Artikel ‚Über die Gleichheit'[162] zu Wort, der im ‚Widerstand' erschien. Auf hohem intellektuellem Niveau erörterte er hier, inwiefern der Gleichheitsgedanke als zu allen Zeiten „stärkste Triebkraft innerhalb der Demokratie"[163] zur politischen und gesellschaftlichen Entfaltung komme. Es fällt auf, daß der Autor im Gegensatz zu seinen früheren Schriften auf kriegerische und polemische Äußerungen verzichtete und einen nachdenklich-moderaten Ton anschlug. Auch mit konkreten Bewertungen des politischen Status quo hielt er sich deutlich zurück. Die zunehmende „nationale Gleichheit", die durch zentralistische Bestrebungen gekennzeichnet sei, bewertete er als natürlichen Vorgang. Auch wenn Adolf Hitlers außenpolitische und kriegerische Ambitionen 1934 noch kaum absehbar waren, machte F.G. Jünger deutlich, daß der egalisierende Prozeß auf der Ebene der Nation seinen Abschluß finde und nicht auf die Schaffung eines Imperiums abziele. Hier wandte sich der Autor gegen die überstaatliche Reichsideologie, die in katholischen und jungkonservativen Kreisen Konjunktur hatte. In Anbetracht dessen, daß der Terminus des „Dritten Reiches" von den Nationalsozialisten als Propagandabegriff verwendet wurde, könnte F.G. Jüngers Stellungnahme aber auch als vorsichtige Kritik an einer künftig eventuell offensiveren Außenpolitik Hitlers gedeutet werden. Im Bezug auf die Entwicklung der nationalen Gleichheit beließ er es hingegen bei einer reinen Bestandsaufnahme: „Indem der Grundsatz der Gleichheit sich seinen äußersten Möglichkeiten zu nähern beginnt, bewirkt er eine Uniformierung der Interessen, Gesinnungen, Meinungen. Er schafft eine Masse handelnder und denkender Menschen, deren Homogenität so groß ist, daß sie für das Auge kaum noch zu unterscheiden sind. Alle der Gleichheit widerstrebenden Kräfte, alles was sich von ihr absetzt oder sie einschränkt, wird beseitigt. Ihre Totalität wird jetzt sichtbar: gebietsmäßig in der wachsenden Bedeutungslosigkeit der Länder gegenüber dem Reich, innenpolitisch in der Beseitigung der Parlamente, Parteien, Abgeordneten, auf dem sozialen Gebiet in einer neuen sozialen Gleichheit, im Kostüm durch neue Uniformen und Festanzüge, in der Begrüßung durch ei-

---

[162] Friedrich Georg Jünger: *Über die Gleichheit*. In: *Widerstand*. Zeitschrift für nationalrevolutionäre Politik, 9. Jg., Nr. 4, April 1934, S. 97 – 101.
[163] Ebd. S. 97.

nen einheitlichen Gruß."¹⁶⁴ Der Autor überließ es hier dem Leser, den zunehmend „totalitären" Charakter der durch den Nationalsozialismus verwirklichten Gleichheit positiv oder negativ zu bewerten. Er selbst schien zu diesem Zeitpunkt noch kein abschließendes Urteil über die neueren politischen Entwicklungen in Deutschland gefällt zu haben. Schließlich waren einige seiner programmatischen Zielsetzungen – beispielsweise die Beseitigung des Parlamentarismus – verwirklicht worden. Bereits 1933 dürften jedoch, als es zu einer Hausdurchsuchung bei E. Jünger durch die Gestapo gekommen war, erste Zweifel aufgekommen sein. Er selbst schrieb in seinem Erinnerungsbuch ‚Spiegel der Jahre' über diese Zeit: „Teilnahme und Beteiligung waren mir nicht möglich."¹⁶⁵ Und weiter: „Wenn du nicht vor Begeisterung dampfst, bist du schon verloren. Sei dem, wie ihm sei, du lebst im Kollektiv und hast, wenn du kein Begeisterter bist, nur zwei Möglichkeiten: du mußt dich in ihm verstecken oder auswandern."¹⁶⁶

Interessanterweise äußerte sich F.G. Jünger im Gegensatz zu E. Jünger, der bereits 1929 konstatiert hatte, „wir wollen nichts hören von chemischen Reaktionen, von Bluteinspritzungen, von Schädelformen und arischen Profilen",¹⁶⁷ erst in seinem Beitrag ‚Über die Gleichheit' explizit zur Rassefrage. Dies ist wohl damit zu erklären, daß erst die nationalsozialistische Machtübernahme für ihn die nähere Beschäftigung mit dem Rassenthema notwendig machte. Schließlich basierte die Weltanschauung Hitlers auf der angeblichen Superiorität der „arischen" Rasse. F.G. Jünger war sich sicherlich der Brisanz dieses Themenfeldes bewußt, weshalb er sich merklich in Zurückhaltung übte. Dennoch sprach er sich dagegen aus, die „rassemäßige Gleichheit" zum Maß aller Dinge zu erheben, weil auch außerhalb der deutschen Nation „arische Menschen" leben würden, die im Falle einer zu Ende gedachten Rassengleichheit den natürlichen Rahmen der eigenen Nation sprengen müßten. F.G. Jüngers Analyse hatte hier ohne Zweifel hellseherische Qualitäten. Schließlich sollte Hitler ab 1938 eine offensiv-militante Außenpolitik vorantreiben, die die Grenzen der Nationen zugunsten des Rasseprinzips durchbrach.

---

¹⁶⁴ Ebd. S. 98 f.
¹⁶⁵ Jünger: *Spiegel der Jahre*, S. 183.
¹⁶⁶ Ebd. S. 195.
¹⁶⁷ Ernst Jünger: *„Nationalismus" und Nationalismus*. In: *Tagebuch*, 21. September 1929. Wiederabgedruckt in: Berggötz: *Politische Publizistik*, S. 504.

Konnte der Text ‚Über die Gleichheit' noch dahingehend interpretiert werden, daß F.G. Jünger versuchte, dem Nationalsozialismus etwas Positives abzugewinnen, läßt sich das für den einen Monat später erschienenen Artikel ‚Wahrheit und Wirklichkeit – Rückblick auf den Verfall der bürgerlichen Welt'[168] nicht mehr behaupten. Der Autor beschrieb die Geschichte der bürgerlichen Welt und konstatierte ein zunehmendes Auseinanderdriften von Wahrheit und Wirklichkeit. Auch wenn er sichtlich darum bemüht war, den Eindruck zu erwecken, daß es sich nicht um einen politischen Text handle, konnte dem aufmerksamen Leser der oppositionelle Charakter der Schrift nicht verborgen bleiben. So analysierte er den Verfall der bürgerlichen Welt nicht rückblickend, sondern bezog ohne Zweifel den Status quo der nationalsozialistischen Herrschaft in seine Kritik mit ein. In seiner Deutung erschien das Dritte Reich gerade nicht als Neuanfang, sondern als das letzte Stadium der bürgerlichen Welt. Freilich verklausulierte F.G. Jünger seine systemkritischen Ansichten dermaßen, daß seine Ansichten nur einem kleinen Kreis bekannt geworden seien dürften. Dennoch bewies er – vor allem, da er Hitler sogar persönlich attackierte – erheblichen Mut: „So sehen wir wohl auf einem Throne einen Menschen sitzen, der mit den Insignien der königlichen Würde bekleidet ist. Wenn wir aber genauer hinsehen, dann erkennen wir, daß dieser Mensch gar kein König ist, sondern ein Scheinkönig. Er trägt nur das Kostüm des Königtums, er spielt eine Rolle, er ist ein Schauspieler des Königtums."[169] Auch wenn er den Namen Hitlers selbstverständlich an keiner Stelle nannte, wird spätestens in folgender Passage erkennbar, daß kein anderer gemeint sein konnte: „Wenn er sich auf seinem Kothurn bewegt, glaubt der betrogene Zuschauer einen Gott oder Giganten zu sehen und sperrt Augen und Mund weit auf. Aber es ist nur ein armseliger Taschenspieler, der vor ihm agiert, und seine Kunststückchen nehmen bald ein Ende."[170] Natürlich spielte Jünger hier auf die propagandawirksamen Masseninszenierungen der Nationalsozialisten an, bei denen Hitler meist im Mittelpunkt des Geschehens stand. Hätte er den Reichskanzler namentlich genannt, wäre er wohl unverzüglich verhaftet worden.

---

[168] Friedrich Georg Jünger: *Wahrheit und Wirklichkeit. Rückblick auf den Verfall der bürgerlichen Welt.* In: *Widerstand.* Zeitschrift für nationalrevolutionäre Politik, 9. Jg., Nr. 5, 5. Mai 1934, S. 138 – 147.
[169] Ebd. S. 145.
[170] Ebd. S. 147.

Ende Juni/Anfang Juli 1934 war es im Zuge des sogenannten Röhm-Putsches zur Liquidierung des einflußreichen jungkonservativen Publizisten Edgar Julius Jung gekommen.[171] Spätestens nun dürfte es F.G. Jünger klar geworden sein, daß eine weitere nationalrevolutionäre Betätigung hohe Risiken birgt. Dennoch veröffentlichte er im November 1934 einen letzten Aufsatz mit dem Titel ‚E.T.A. Hoffmann'[172] in Niekischs ‚Widerstand'. Zum ersten Mal zeigte sich nun, nachdem F.G. Jünger bislang eine ambivalente Haltung gegenüber der Technik eingenommen hatte, eine fundamentale Kritik derselben: „Die Technik scheint nur dazu da zu sein, um das bürgerliche Leben zu sichern und zu bereichern, seine Fähigkeit zur Korrespondenz auszubauen, die Komfortabilität zu erhöhen. Sie leistet wie eine grenzenlos ergebene Dienerin ungeheure Dienste, scheinbar ohne irgendwelche Gegenleistungen zu fordern. Es bleibt dem Menschen zunächst ganz verborgen, daß er hier seinerseits etwas zu entrichten hat, daß er sich immer umfassender verpflichtet, daß er abhängig wird [...]. In Wahrheit ist hier ja von Rentabilität keine Spur, und genau betrachtet lebt jeder Wilde in den Urwäldern des Amazonas ökonomischer, das heißt seine Wirtschaft steht in gerader und strenger Beziehung zur Natur, deren unbefangenes Kind er selbst ist."[173]

Während F.G. Jünger also den technischen Fortschritt als letztlich sinnlose Entwicklung kritisierte, veröffentlichte sein Bruder im selben Jahr seinen Großessay ‚Der Arbeiter', in dem er die Technik als unabdingbares Instrument des Arbeiters bei der Erringung der Weltherrschaft betrachtet. E. Jünger ging dabei noch weiter, indem er von einer „Perfektion der Technik" sprach, die den Fortschrittsprozeß beenden und der Herrschaft des Arbeiters eine finale Basis geben würde. Mit den im ‚Arbeiter' entwickelten Grundannahmen konnte sich F.G. Jünger insgesamt nicht einverstanden erklären, worüber unten im Kapitel ‚Die Perfektion der Technik' noch ausführlicher einzugehen ist.

Im Dezember 1934 kam es zum Verbot des ‚Widerstand'. Vermutlich war der ehemalige Mitarbeiter der Zeitschrift Alfred Baeumler maßgeblich an der Zensurmaßnahme beteiligt.[174] Im Hinblick auf Ernst Niekischs bereits 1930 und

---

[171] Vgl. Maaß: *Jung*, S. 70.

[172] Friedrich Georg Jünger: *E.T.A. Hoffmann*. In: Widerstand. Zeitschrift für nationalrevolutionäre Politik, 9. Jg., Nr. 11, November 1934, S. 376 – 383.

[173] Ebd. S. 381 f.

[174] Vgl. Kabermann: *Niekisch*, S. 149 f.

1932 veröffentlichten, der nationalsozialistischen Doktrin widersprechenden Bücher ‚Entscheidung'[175] und ‚Hitler – Ein deutsches Verhängnis'[176] wäre es jedoch sicher auch ohne die Intervention Baeumlers zu einem Verbot gekommen. Niekischs 1935 erschienene Schrift ‚Die dritte imperiale Figur'[177], in der er sich gegen die nationalsozialistische Blut- und Boden-Ideologie aussprach, dürfte auch nicht zur Verbesserung der angespannten Lage geführt haben. Der Widerstand-Verlag konnte erstaunlicherweise seine Tätigkeit fortführen. So erschien 1934 ein Gedichtband[178] F.G. Jüngers, der 1936 bereits seine dritte Auflage erreichte. Im selben Jahr folgten aus seiner Feder der episch angelegte Gedichtszyklus ‚Der Krieg'[179] und ein umfangreicher Essay ‚Über das Komische'[180].

Am 22. März 1937 wurde Niekisch wegen konspirativer Tätigkeit durch die Gestapo verhaftet, wodurch die Veröffentlichung eines weiteren Gedichtbandes von F.G. Jünger verhindert wurde. Mit ihm wurden im ganzen Reich über siebzig Personen der sogenannten Widerstandsbewegung in Gewahrsam genommen. Am 25. März 1937 teilte E. Jünger seinem jüngeren Bruder in einem Brief mit, „daß man Niekisch aus unbekannten Gründen am Morgen des 21. März verhaftete. Seine Frau schreibt mir, ob ich mich nicht für ihn bei der Staatspolizei einsetzen kann – da fehlen mir nun freilich alle Beziehungen. Wenn ich für die geistige Freiheit eintrete, und da bin ich in eigener Sache tätig, möchte ich das auch nicht in Form einer vagen Sympathiekundgebung tun, sondern in ganz konkreter Form. Ich habe ihr sogleich geschrieben, daß sie frei über mich verfügen kann, wie es die Lage ergibt."[181] Zwei Wochen später meldete er sich erneut bei seinem jüngeren Bruder mit der Nachricht, daß nun sogar die Verlagsräume geschlossen worden seien und es darüber hinaus zu einer Verhaftung von Anna Niekisch gekommen sei.[182]

Am 10. Januar 1939 wurde Niekisch wegen angeblichen Hochverrats zu einer lebenslänglichen Gefängnisstrafe verurteilt. F.G. Jünger erkundigte sich

---

[175] Ernst Niekisch: *Entscheidung*, Berlin 1930.
[176] Ernst Niekisch: *Hitler. Ein deutsches Verhängnis*, Berlin 1932.
[177] Ernst Niekisch: *Die dritte imperiale Figur*, Berlin 1935.
[178] Friedrich Georg Jünger: *Gedichte*, Berlin 1934.
[179] Friedrich Georg Jünger: *Der Krieg*, Berlin 1936.
[180] Friedrich Georg Jünger: *Über das Komische*, Berlin 1936.
[181] Zit. n. Fröschle: *F.G. Jünger: Briefwechsel*, S. 64.
[182] Vgl. zum Folgenden ebd. 64 ff.

immer wieder über das Schicksal seines Verlegers, aber auch er hatte kaum Möglichkeiten, ihm Hilfe zu leisten. Sechs Jahre später, im April 1945, wurde Niekisch, der mittlerweile nahezu erblindet und an den Beinen gelähmt war, von Soldaten der Roten Armee aus dem Gefängnis Brandenburg-Goerden befreit. Anschließend engagierte er sich in der SED und wurde Abgeordneter in der Volkskammer. Als es am 17. Juni 1953 in der DDR zu dem Volksaufstand kam, der gewaltsam niedergeschlagen wurde, legte Niekisch seine Ämter nieder und siedelte nach West-Berlin um.

F.G. Jünger brachte nach Kriegsende die Adresse der Familie Niekisch in Erfahrung und nahm den Briefwechsel, der in den dreißiger Jahren recht umfangreich gewesen sein muß, wieder auf. Leider haben sich aus dieser Zeit nur zwei Briefe an Ernst Niekisch und ein Brief an Anna Niekisch erhalten. Über das Schicksal der Dokumente gibt ein an Niekisch adressiertes Schreiben E. Jüngers vom 17. März 1946 Auskunft: „Verbrannte dann freilich alles mit großem Bedauern und gab auch meinem Bruder [Friedrich Georg] rechtzeitig den Rat dazu. Ich hatte bei ihm in Leising in offenen Mappen Dinge gesehen, die für zwanzig Schreckensurteile ausreichten, darunter Ihre gesamte Korrespondenz mit ihm. Wenige Tage später erschien die Polizei bei ihm, vor allem wegen des Gedichts über den ‚Mohn'. Sie wissen ja, daß ich mich seinerseits gegen dessen Aufnahme in den Gedichtband ausgesprochen habe, genau so wie gegen die Veröffentlichung Ihrer Schrift gegen Hitler [...]."[183] E. Jünger war offensichtlich etwas vorsichtiger als sein Bruder, der mit der Veröffentlichung des Gedichts ‚Der Mohn' mit dem Feuer spielte.

Auch wenn es nach 1945 zu einem freundschaftlichen Briefwechsel zwischen F.G. Jünger und Ernst Niekisch kam, waren die inhaltlichen Differenzen größer als in den Vorkriegsjahren. Dennoch war der Austausch von hohem gegenseitigem Respekt gekennzeichnet.

F.G. Jünger, der sich seit 1934 aus der politischen Publizistik zurückgezogen hatte, hielt sich in seinen Briefen an Niekisch mit politischen Äußerungen eher zurück. Er ließ jedoch keinen Zweifel daran, daß er auch nach dem Ende des Dritten Reiches nicht an eine grundlegende Verbesserung der politischen Verhältnisse glaubte: „Die Politik berührt oft die Grenze des Verbrechens, wie es auch zu den Bestimmungen des Menschen gehört, daß er diese Grenze berührt und überschreitet. Ich bin in Bezug auf die Zukunft insofern skeptisch, als ich ge-

---

[183] Ebd. S. 65.

lernt habe, in der Vergangenheit die Modelle der Zukunft zu suchen – wo anders sollten sie zu finden sein? Ich beobachte den Fortgang der Methoden, und ich nehme wenig Unterschiede wahr."[184]

Ein resignierter Unterton ist hier unüberhörbar. F.G. Jünger war sich darüber klar geworden, daß er als einzelner kaum den Lauf der Geschichte beeinflussen konnte. Nichtsdestotrotz wies er als historisch denkender Mensch und deutscher Patriot weiterhin die Einflüsse des individualistisch-liberalen Kapitalismus wie die des sozialistischen Kollektivismus zurück: „Eines ist mir gewiß: ich kann mich von diesem Volke nicht mehr trennen, ich kann es nicht preisgeben."[185]

Im Dezember 1947 endete der Briefwechsel zwischen F.G. Jünger und Ernst Niekisch. Letzterer verstarb am 23. Mai 1967.

---

[184] Friedrich Georg Jünger an Ernst Niekisch, Überlingen, den 19. April 1946. In: Fröschle: *Briefwechsel*, S. 88.

[185] Friedrich Georg Jünger an Ernst Niekisch, Überlingen, den 30. Mai 1946. In: ebd. S. 93.

8 Dichter gegen den Nationalsozialismus

Spätestens 1934 war F.G. Jünger bewußt geworden, daß aufgrund des zunehmenden Totalitarismus unter der Herrschaft der Nationalsozialisten an eine Freiheit des Geistes kaum mehr zu denken war. Dennoch ließ er es sich nicht nehmen, seine oppositionelle Einstellung in seiner Lyrik mehr oder weniger getarnt zum Ausdruck zu bringen. Dementsprechend veröffentlichte er 1934 im Widerstand-Verlag einen Band mit dem lapidaren Titel ‚Gedichte', der auch sein berühmtes Gedicht ‚Der Mohn' enthält. Thomas Mann vermerkte am 30. November 1934 zu dem Gedicht: „Las in klassizistischen Gedichten eines F.G. Jünger [...], darin ein Stück ‚Der Mohn', von fabelhafter Aggressivität gegen die Machthaber, das ich, als die Meinen vom Theater zurückgekehrt waren, ihnen beim Abendessen zu allgemeinem Erstaunen vorlas."[186]

Einige Gedichte, die F.G. Jünger in seinem ersten Band präsentierte, greifen mit dem Kriegserlebnis ein für die Nationalrevolutionäre charakteristisches und damit nicht auf die aktuelle Politik bezogenes Thema auf. Ganz anders aber ‚Der Mohn':[187]

> *Mohnsaft, du stillst uns den Schmerz. Wer lehrt uns das Nied're vergessen?*
> *Schärfer als Feuer und Stahl kränkt uns das Niedere doch.*
> *Wirft es zur Herrschaft sich auf, befiehlt es, so fliehen die Musen.*
> *[...]*
> *Prahlend blieb der Schwätzer zurück, umjauchzt von der Menge [...].*

Der Autor betrachtet die Nationalsozialisten, was dem aufmerksamen Leser nicht verborgen bleiben konnte, als eine „minderwertige" Bewegung, die durch den geistlosen Massenmenschen zum Triumph geführt worden sei. Dieser Grundannahme blieb er auch in der Nachkriegszeit treu, als er seinem Verleger Vittorio Klostermann schrieb:

---

[186] Thomas Mann: *Tagebücher 1933 – 1934*, Frankfurt/Main 1977, S. 578.
[187] Jünger: *Gedichte*, S. 60 f.

„Daß der Nationalsozialismus großbürgerlich ist, ein Werkzeug des Großbürgertums, davon habe ich nie etwas bemerkt. Es sind doch die kleinen Leute, die ihn erfunden haben, und jeder weiß, daß kleine Leute großen Sachen nicht gewachsen sind."[188]

Mit der Metapher des „Schwätzers" verwies F.G. Jünger zweifelsohne auf den nationalsozialistischen Propagandaapparat, der insbesondere die Reden Hitlers und Joseph Goebbels' zu quasisakralen Ereignissen stilisierte. Die propagandatechnisch aufgebauschte Selbstdarstellung der Nationalsozialisten, der es an jeglicher intellektueller Substanz mangelte, war nicht nur F.G. Jünger zuwider. Auch andere Schlüsselpersönlichkeiten der Konservativen Revolution wie etwa Carl Schmitt oder Wilhelm Stapel zeigten gegenüber der nationalsozialistischen Ideologie, die ihrem elitären Selbstverständnis konträr gegenüberstand, eine große Abneigung.[189]

Besonders provokant sind die letzten Verse, in denen F.G. Jünger nicht nur die Begeisterung der Massen als verabscheuenswert bezeichnet, sondern dieselbe auch als eine Schande für die Gefallenen des Ersten Weltkriegs deutet:[190]

> *Schmerzend hallt in den Ohren der Lärm mir, mich widert der Taumel,*
> *Widert das laute Geschrei, das sich Begeisterung nennt.*
> *Wehe! Begeisterung! Silberne Brunnen der Stille, du klarer,*
> *Du kristallener Born, nennt es Begeisterung nicht.*
> *Tiefer schweigen die Toten, sie trauern, sie hören das Lärmen,*
> *Hören das kindische Lied ruhmloser Trunkenheit nicht.*

Gerade dieser Abschnitt macht deutlich, wie gefährdet der Autor damals gewesen ist. Andererseits stellte F.G. Jünger mit seiner Dichtung, die von einem breiteren Publikum nicht zur Kenntnis genommen wurde, keine ernsthafte Gefahr für die Machthaber dar. Darüber hinaus verfügte er sicherlich über einen gewissen „Bonus", weil eine Verurteilung des jüngeren Bruders des berühmten

---

[188] Friedrich Georg Jünger an Vittorio Klostermann, 15. Dezember 1953. Zit. n. Fröschle: *Briefwechsel*, S. 76.
[189] Vgl. Wilhelm Stapel und Carl Schmitt – ein Briefwechsel. In: *Schmittiana*, Bd. 5, herausgegeben von Piet Tommissen, Berlin 1996, S. 27 – 108.
[190] Jünger: *Gedichte*, S. 63.

Weltkriegsautors etwa bei den Veteranenverbänden auf Mißfallen gestoßen wäre. Entscheidend aber war sicher die Tatsache, daß sich, abgesehen von dem Gedicht ‚Der Mohn', kaum politische Bezüge in dem Lyrikband finden.

Nachdem F.G. Jünger mit seinem ersten Gedichtband ein gewisser Erfolg als Lyriker geglückt war, versuchte er sich 1934 als Dramatiker. 1934 brachte er im Chronos-Verlag das Lustspiel ‚Der verkleidete Theseus'[191] heraus, das ausdrücklich nicht zum Verkauf und Verleih, sondern nur zu „Bühnenzwecken, Vorlesungen, Vereinsaufführungen" vorgesehen war. Die Handlung läßt sich wie folgt zusammenfassen: Theseus, der König von Athen, mischt sich während der Dionysien verkleidet unter das Volk. Nach einigen Verwirrspielen findet das Bühnenstück einen versöhnlichen Ausgang. Epikles heiratet die schöne Glyke, und Theseus, der inzwischen zu seiner Frau Ariadne zurückgekehrt ist, gewährt der Magd Rhodope und dem Pferdeknecht Hipponax die Freiheit. Die offensichtlich politikfreie Handlung zeigt das Bestreben des Autors, sich nach dem allmählichen Ausklingen seiner nationalrevolutionären Ambitionen als Dramatiker etablieren zu wollen. Dies ist allerdings nicht gelungen.[192] Vermutlich in dem Glauben, ‚Der verkleidete Theseus' könnte ähnlich erfolgreich werden wie F.G. Jüngers Gedichtsammlung, entschloß sich das Frankfurter Schauspielhaus zu einer Uraufführung des Stückes. Die Inszenierung wurde anscheinend recht ambitioniert angegangen. So wurde der Komponist Bruno Hartl eigens dafür engagiert, eine passende Bühnenmusik zu komponieren. Das Werk fiel jedoch bei dem Publikum und den Kritikern derart durch, daß es zu keiner weiteren Aufführung kam. In einer relativ wohlwollenden Besprechung in der Frankfurter Zeitung hieß es: „Man hat den jungen deutschen Dichter Friedrich Georg Jünger, den Bruder des Frontdichters Ernst Jünger, als eine starke Lyrikerbegabung kennen gelernt. In seinem neuesten Schaffen wendet er sich nun der Bühne zu, mit den ihm eigenen sprachveredelnden Mitteln, doch ohne das rechte Wissen um Bühnenwirkung und innere Dramatik, und der Erfolg bleibt aus [...]. Hier ringt ein junger begabter Lyriker vergeblich um eine dramatische Form, mit einer Menge ernster und heiterer Elemente, ohne überzeugen zu können.[193]

---

[191] Friedrich Georg Jünger: *Der verkleidete Theseus*. Ein Lustspiel in fünf Aufzügen. Berlin-Halensee 1934.

[192] Vgl. Geyer: *Jünger*, S. 92 f.

[193] „Krause": *Der verkleidete Theseus*. Uraufführung in Frankfurt/Main. In: Frankfurter Zeitung, 30. November 1934.

Nach dem dramaturgischen Mißerfolg wandte er sich wieder der Dichtung zu. 1936 erschien ein zweiter Gedichtband mit dem Titel ‚Der Krieg', in dem er die Elegie ‚Der Krieg' aus dem ersten Lyrikband um neunzehn Abschnitte erweiterte. Bereits im ersten Gedicht machte der Autor erneut deutlich, daß er die neuen Herrscher in Deutschland als minderwertig erachtete:[194]

Fragt ihr, wohin das Geschlecht der Fürsten und Seher gegangen,
Wohin der Könige Stamm, herrschender Männer Gewalt?
Ach, ich sehe sie nicht. Doch die dürftigen Erben seh' ich,
Schatten gleich, es entsinkt schwächlich das Szepter der Hand.

Auch wenn F.G. Jünger, wie üblich, die Nationalsozialisten explizit nicht nannte, sind diese Verse mehr als provokativ. Sein Verleger Ernst Niekisch, in dessen Verlag der Band erschien, hielt es jedoch nicht für nötig, die subtile Systemkritik einer Zensur zu unterziehen.

1936 legte F.G. Jünger mit seinem ebenfalls bei Niekisch erschienenen Werk ‚Über das Komische' eine Theorie des Humors vor. Im Dezember desselben Jahres verließ sein Bruder Goslar, wo er seit 1933 gelebt hatte, und zog nach Überlingen am Bodensee. In dem von Weinbergen umgebenen Haus sollte bald darauf auch sein jüngerer Bruder regelmäßig verkehren. Nach der Auflösung des Widerstand-Verlages im März 1937 wurden die Restexemplare von F.G. Jüngers Büchern ‚Gedichte', ‚Der Krieg' und ‚Über das Komische' von der Hanseatischen Verlagsanstalt[195] übernommen, bei der zahlreiche Autoren der Konservativen Revolution, darunter Carl Schmitt und Wilhelm Stapel, ihre Bücher verlegen ließen.

Hier konnte dann 1937 auch sein dritter Gedichtband ‚Der Taurus' erscheinen, in dem sich unter anderem auch Hinweise auf F.G. Jüngers persönliche Befindlichkeit finden lassen:[196]

Meine alte Haut hab' ich zerrissen. [...]
Klug geworden bin ich wie die Schlange,
Biegsam, boshaft, munter.

---

[194] Jünger: *Der Krieg*, S. 7.

[195] Vgl. Siegfried Lokatis. *Die Hanseatische Verlagsanstalt: Politisches Buchmarketing im ‚Dritten Reich'*. In: *Archiv für Geschichte des Buchwesens*. Bd. 38. 1992. S. 1–189.

[196] Jünger: *Der Taurus*, S. 17.

Offensichtlich wollte der Autor hier seinen Lesern mitteilen, daß er trotz der Herrschaftsverhältnisse und dem damit einhergehenden Anpassungszwang seinen alten Nonkonformismus nicht verloren hatte. Dies unterstrich er mit einem weiteren Seitenhieb gegen die Machthaber:[197]

Ich verlache eure Schliche, eure Tücken,
Plumpe Schlangenfänger.
Eure Weise kann mich nicht berücken,
Dumpfe, dunkle Sänger.

Im April 1939 war E. Jünger mit seiner Familie nach Kirchhorst (bei Hannover) in ein altes Pfarrhaus gezogen, wo wiederum ein Zimmer für den jüngeren Bruder bereitstand. Dieser arbeitete damals an seiner berühmten Schrift über die Technik, auf die im nächsten Kapitel noch ausführlich eingegangen wird. Noch während seiner Zeit im „Weinberghaus" (Überlingen) hatte er Citta Weickhardt kennengelernt; die Hochzeit folgte am 2. Dezember 1939 in Kirchhorst. Während sein älterer Bruder am Weltkrieg teilnehmen mußte, blieb ihm aufgrund seiner Schulterverletzung der Einsatz in der Wehrmacht erspart.

Den Krieg erlebte F.G. Jünger als Bestätigung seiner Technikkritik, die jedoch erst nach der militärischen Niederlage von 1945 mit der ‚Perfektion der Technik' publiziert werden konnte. So schrieb er im März 1942 an seinen Bruder Hans Jünger: „Mir bestätigt sich jetzt manches, was mich in den Jahren 1937/38 beschäftigte. Von Anfang an habe ich den Krieg in seiner Beziehung zur Technik betrachtet, zur technischen Mechanik und Organisation. Die ganze Blindheit des Technikers kommt in diesem Kriege zum Ausdruck, die zerstörende Kraft, die seinem Denken und Planen innewohnt. Der Mensch wird heute in einer früher nicht vorstellbaren Weise ausgelaugt und bis zur äußersten Schäbigkeit abgenutzt."[198] Aussagen wie diese zeigen, neben der Bedeutung, die Jünger dem Verhältnis von Krieg und Technik zumaß, daß er sich längst von seiner kriegerischen Frühphase gelöst hatte.

Während F.G. Jünger den Krieg als Zivilist erlebte, erhielt E. Jünger im August 1939 den Mobilmachungsbefehl, woraufhin er als Hauptmann am Frankreichfeldzug teilnahm. Nachdem er als Kompaniechef eines

---

[197] Ebd.
[198] Zit. n. Morat: *Von der Tat zur Gelassenheit*, S. 248.

Infanterieregimentes zunächst im Besatzungs- und Sicherheitsdienst eingesetzt war, wurde er später als Hauptmann „zur besonderen Verwendung" in den Kommandostab des Militärbefehlshabers Otto von Stülpnagel versetzt. Den größten Teil des Krieges verbrachte er in Paris; abgesehen von mehreren Heimaturlauben in Kirchhorst nahm er allerdings auch eine Inspektionsreise (1942/43) an die Ostfront vor. In dieser Zeit ist eine deutliche Distanzierung von kriegerischen und politischen Dingen bei ihm feststellbar. Dennoch finden sich in seinen explizit für die Nachwelt bestimmten Tagebuchaufzeichnungen auch Passagen, die vielfach als Ästhetisierung des Krieges gedeutet wurden. Das berühmteste Beispiel ist die sogenannte „Burgunderszene", in der E. Jünger in einem Eintrag vom 27. Mai 1944 vorgab, bei einem Sonnenuntergang auf dem Dach eines Hotels mit einem Glas Erdbeerbowle aus Burgunderwein die Bombardierung der Steinbrücken durch alliierte Flugzeuge unter ästhetischen Blickpunkten beobachtet zu haben: „Die Stadt mit ihren roten Türmen und Kuppeln lag in gewaltiger Schönheit, gleich einem Kelche, der zu tödlicher Befruchtung überflogen wird."[199] Tobias Wimbauer wies jedoch darauf hin, daß der besagte Flieger-Angriff an jenem Tag kaum stattgefunden haben kann, weshalb die Deutung Jüngers als militanter Ästhet äußerst fragwürdig ist.[200]

Aufgrund seiner Kontakte zu Widerstandskreisen um Carl-Heinrich von Stülpnagel wurde Jünger nach dem 20. Juli 1944 beurlaubt und im Oktober 1944 endgültig aus dem Militärdienst entlassen. Kurz vor Kriegsende wurde er Kommandant des Volkssturmes im Kreis Burgdorf (bei Hannover); in dieser Funktion beendete er die sinnlos gewordenen Kriegshandlungen mit einer kampflosen Übergabe an die einmarschierenden Amerikaner.

Nachdem F.G. Jünger 1939 mit ‚Laura'[201] seine erste Erzählung veröffentlicht hatte, folgte 1940 der Gedichtband ‚Der Missouri'[202], der im Insel-Verlag erschien. Auch hier schimmert immer wieder zwischen den Zeilen seine systemkritische Grundhaltung durch. Der nationalsozialistischen Herrschaft traute er offenbar

---

[199] Ernst Jünger: *Strahlungen*, Tübingen 1949, S. 522.

[200] Tobias Wimbauer: *Kelche sind Körper. Der Hintergrund der „Erdbeeren in Burgunder"-Szene.* In: Tobias Wimbauer (Hrsg.): *Anarch im Widerspruch. Neue Beiträge zu Werk und Leben der Gebrüder Jünger*, Schnellroda 2004, S. 23 – 69.

[201] Friedrich Georg Jünger: *Laura*. In: *Die neue Rundschau*. 50. Jahrgang der freien Bühne, Januar 1939, Heft 1, S. 14 – 24.

[202] Friedrich Georg Jünger: *Der Missouri*. Gedichte, Leipzig 1940.

keine allzulange Dauer zu. So schrieb er in apokalyptischer Vorahnung: „Das Feuer wird es enden. Und ich frage: Wer wird den Brand des Hauses überstehen? Wer wird in diesen Flammen untergehen?"[203]

Selbstverständlich konnten derartige Passagen, die sich in Kriegszeiten leicht als Wehrkraftzersetzung deuten ließen, auch der Gestapo nicht verborgen bleiben. Insofern ist es nicht erstaunlich, daß er am 17. Dezember 1940 Besuch von zwei Gestapo-Beamten erhielt, die sich für sein Verhältnis zu Niekisch interessierten und auch seine persönliche politische Haltung überprüfen wollten. In seinem Tagebuch bemerkte der Dichter hierzu: „Der Beamte, der das Protokoll führte, war so unfähig, daß ich ihm das Protokoll diktieren mußte. Auch fehlten ihm alle Kenntnisse des Zweckes und Zieles dieser Untersuchung; er führte seinen Auftrag mangelhaft aus [...]. Er trat drohend auf. Ich mußte das Protokoll unterzeichnen, meinen Paß abliefern und mich verpflichten, je ein Stück meiner Bücher an die Staatspolizeistelle in Leipzig einzusenden. Auch wurde mir Schweigepflicht unter Androhung von Zwangsmaßnahmen geboten."[204] Die anscheinend schlechte Vorbereitung der Ermittler zeigt, daß F.G. Jünger immer noch nicht als ernsthafte Gefahr für das nationalsozialistische Regime eingestuft wurde. Dies sollte sich auch in den folgenden Jahren nicht ändern, so daß er weiterhin als Schriftsteller tätig seien konnte, ohne größeren Repressalien ausgesetzt zu sein.

1942 beendete F.G. Jünger die seit seiner Kindheit andauernden häufigen Ortswechsel und ließ sich in Überlingen, wo seine Frau ein Kunstgewerbe betrieb, nieder. Das dortige Holzhaus direkt an der Seepromenade Nr. 5 (heute Nr. 9) sollte er bis zu seinem Tod bewohnen. Im selben Jahr traf er erstmals den Philosophen Martin Heidegger in Überlingen, mit dem ihn später eine enge Freundschaft verbinden sollte.

Die Unmöglichkeit, sich offen mit politischen Themen auseinandersetzen zu können, führte zu einem Wandel seiner Arbeitsschwerpunkte, und F.G. Jünger begann, sich intensiv mit der griechischen Götterwelt zu befassen. Eine Frucht dieser Beschäftigung ist das Buch ‚Griechische Götter'[205], das 1943 erschien. Es folgten zwei Reiseberichte mit den Titeln ‚Briefe aus Mondello'[206] und ‚Wanderungen auf

---

[203] Ebd. S. 23.
[204] Zit. n. Geyer: *Jünger*, S. 103.
[205] Friedrich Georg Jünger: *Griechische Götter. Apollon – Pan – Dionysos*, Frankfurt/Main 1943.
[206] Friedrich Georg Jünger: *Briefe aus Mondello* 1930, Hamburg 1943.

Rhodos'.[207] Am 10. August 1944 geriet er, obwohl er sich mit politischen Aussagen in seinen Schriften weitgehend zurückhielt, erneut in das Visier der Gestapo.[208] So wurde er aufgrund einer Denunziation beschuldigt, den am Hitler-Attentat vom 20. Juli beteiligten Carl Friedrich Goerdeler, der im Fall eines erfolgreichen Umsturzes von den Verschwörern als Reichskanzler vorgesehen war, versteckt zu haben. Auch wenn die Anschuldigungen im Sande verliefen, ist interessant, welche Widerstandshandlungen die Machthaber ihm grundsätzlich zutrauten.

Während F.G. Jünger lediglich in den Verdacht geraten war, mit dem Widerstand zu kooperieren, hatte E. Jünger während seiner Pariser Zeit in engem Kontakt zu Gegnern Hitlers innerhalb der Wehrmacht gestanden. 1943 hatte er einen politischen Aufruf mit dem Titel ‚Der Friede' verfaßt, den er als „aussenpolitische Mitgift" für den militärischen Widerstand betrachtete.[209] Wie Hans Speidel berichtete, sei bereits im Herbst 1941 der Entwurf eines „Aufrufs an die europäische Jugend mit dem Ziel eines für alle gerechten Friedens und der Bestrafung der am Kriege Schuldigen" fertiggestellt worden, der als Vorläufer der Friedensschrift gelten kann. Nachdem dieser Text vernichtet worden war, folgte im Sommer 1943 ein erneuter Friedensaufruf, der bereits von der Hanseatischen Verlagsanstalt zum Druck vorbereitet wurde, um im Augenblick des Zusammenbruchs der Hitler-Regierung veröffentlicht werden zu können. 1944 griff F.G. Jünger mit dem Buch ‚Die Titanen'[210] erneut auf die Thematik der griechischen Götterwelt zurück. Der Autor präsentierte hier das komplizierte Verhältnis von Göttern und Titanen und formulierte die Einsicht, daß der Mythos der rationalistischen Philosophie überlegen sei. Diese Auffassung stellt eine gewisse Kontinuität zu seinem frühen Denken dar, weil auch der junge F.G. Jünger sich stets gegen den Rationalismus ausgesprochen hatte; zweifellos ist hier aber eine deutliche Vertiefung seines Denkens erkennbar. Darüber hinaus wird offensichtlich, daß er sich intensiv mit Friedrich Nietzsches Konzept einer „ewigen Wiederkehr" zu beschäftigen begann.

Das Ende des Zweiten Weltkrieges erlebte F.G. Jünger in Überlingen. Ein mittlerweile veröffentlichter Text mit dem Titel ‚Besatzung 1945' gibt Aufschluß darüber, wie er den Kontrast zwischen seiner idyllischen Wahlheimat am Bodensee

---

[207] Friedrich Georg Jünger: *Wanderungen auf Rhodos*, Hamburg 1943.
[208] Vgl. Geyer: *Jünger*, S. 117.
[209] Vgl. Morat: *Von der Tat zur Gelassenheit*, S. 272 f.
[210] Friedrich Georg Jünger: *Die Titanen*, Frankfurt/Main 1944.

und dem sich zu Ende neigenden Krieg empfand.[211] Als am 25. April 1945 französische Truppen Überlingen besetzten, bekam die Familie Jünger, in deren Haus Besatzungssoldaten einquartiert wurden, die Folgen des verlorenen Krieges am eigenen Leib zu spüren. So wurde F.G. Jünger zusammen mit anderen Männern der Stadt im Barackenlager Goldbach interniert; er blieb jedoch nicht lange dort, da es seinem Hausarzt gelang, nach zwei Tagen seine Freilassung aus gesundheitlichen Gründen zu erwirken.

Obwohl er zu keiner Zeit mit den Nationalsozialisten kooperiert hatte, wurde der Dichter 1946 aus politischen Gründen scharf attackiert. So schrieb ein gewisser Gerhard W. Speyer unter Bezugnahme auf den ‚Aufmarsch des Nationalismus', daß die Jünger-Brüder zu den Schriftstellern gehörten, „die den Nationalsozialismus wissentlich und willentlich vorbereitet haben."[212] Es steht außer Frage, daß der Urheber des Artikels entweder aufgrund mangelnder Kenntnisse schematische Gleichsetzungen vornahm oder aber eine bewußte Diffamierung im Sinn hatte. Auch wenn F.G. Jünger den Parlamentarismus und die Parteien der Weimarer Republik kompromißlos abgelehnt hatte, geht die Annahme, er habe dem Nationalsozialismus den Weg geebnet, an der Realität vorbei. Abgesehen von der gemeinsamen antiparlamentarischen Stoßrichtung gibt es kaum Übereinstimmungen zwischen der nationalsozialistischen Ideologie und der nationalrevolutionären Weltanschauung. Dementsprechend fiel auch F.G. Jüngers Antwort aus, die er in einem Leserbrief kundtat: „An einer Verteidigung ist mir nicht gelegen, wohl aber an einigen Feststellungen. Das Verhältnis, in dem ich zur Nationalsozialistischen Partei stand, ist bekannt. Ich gehörte weder ihr noch irgendeiner anderen Partei an. Ich bin weder emigriert noch habe ich geschwiegen. Vielmehr habe ich schon in einem Gedichtband, der im Jahre 1934 erschien, den Führer und die Partei angegriffen [...]. Ich stand seitdem unter der Kontrolle der Geheimen Staatspolizei, die ihre Künste mit Hausdurchsuchungen, Verhören, Drohungen, Beschränkungen meiner Publizität an mir übte."[213]

---

[211] Friedrich Georg Jünger: *Besatzung 1945*. In: Tobias Wimbauer (Hrsg.): *Anarch im Widerspruch. Neue Beiträge zu Werk und Leben der Gebrüder Jünger*. In: *Das Luminar*. Schriften zu Ernst und Friedrich Georg Jünger, Schnellroda 2004.

[212] Vgl. Gerhard W. Speyer: *Die Stillen im Lande*. In: *Die Neue Zeitung*. Eine amerikanische Zeitung für die deutsche Bevölkerung, 23. August 1946.

[213] Friedrich Georg Jünger: *Nochmals: „Die Stillen im Lande"*. Rubrik ‚Das Freie Wort'. In: *Die Neue Zeitung*. Eine amerikanische Zeitung für die deutsche Bevölkerung, 9. September 1946, S. 7.

Interessanter als diese der Wahrheit entsprechende Stellungnahme ist die Tatsache, daß sich F.G. Jünger überhaupt zu ihr hinreißen ließ. Vermutlich spielte die Sorge eine Rolle, daß eine angedichtete Verstrickung mit dem nationalsozialistischen Regime seinen Ruf als Schriftsteller nachhaltig schädigen könnte. Nicht umsonst vermied er selbst im engsten Familienkreis, über seine nationalrevolutionäre Frühphase zu sprechen. Geyer führte in seiner Werkbiographie an, daß er vor allem deshalb mit dem Nationalsozialismus in Konflikt geraten sei, weil er Hitler und seine Gefolgsleute als „verkappte Bürger" betrachtet habe und im Grunde genommen „fast schon als *rechts* von Hitler verortet"[214] werden müsse. Dies trifft sicherlich auf den Jünger zur Zeit des ‚Aufmarsch des Nationalismus' zu. Allerdings zeigt sein ‚Dreikanter' deutlich, daß er gewalttätige Formulierungen als Stilmittel einsetzte, deren Umsetzung er kaum im Sinn hatte. Darüber hinaus steht außer Frage, daß für ihn die Freiheit des Denkens und die Rechtsstaatlichkeit, die durchaus „bürgerliche" Tugenden sind, spätestens seit Ende der zwanziger Jahre oberste Priorität besaßen. Insgesamt könnte man auch die These aufstellen, daß F.G. Jünger ein radikalisierter Bürger gewesen sei.

Während F.G. Jünger unmittelbar nach Kriegsende mit der ‚Perfektion der Technik' seinen ersten großen Bucherfolg feiern konnte, war E. Jünger mit einem Publikationsverbot belegt worden. Seine bereits erwähnte Friedensschrift[215] konnte erst 1960 im Rahmen der Gesamtausgabe in Deutschland erscheinen. In ihr konstatierte er, daß der Zweite Weltkrieg „das erste allgemeine Werk der Menschheit" gewesen sei, weshalb er sich dafür aussprach, daß nun auch der Frieden „für alle Segen bringen"[216] solle. Dabei betonte er die Notwendigkeit, wieder einen Rechtsstaat zu etablieren. Dieses Vorhaben dürfe aber nicht darauf hinauslaufen, einer parteiischen Siegerjustiz Vorschub zu leisten.[217] Indem E. Jünger sich dagegen aussprach, den Deutschen die Alleinschuld an Krieg und Kriegsverbrechen zuzuschreiben, vertrat er nach 1945 einen patriotischen Standpunkt, der auch die Greueltaten der Alliierten nicht außer Acht ließ. Von seiner ursprünglichen bellizistischen Grundhaltung war nichts mehr übriggeblieben. Großen Einfluß auf diese Wandlung hatte sicher nicht nur seine persönliche Erfahrung mit der

---

[214] Geyer: *Jünger*, S. 125.

[215] Ernst Jünger: *Der Friede. Ein Wort an die Jugend Europas und an die Jugend der Welt*, Amsterdam 1946.

[216] Ebd. S. 7.

[217] Vgl. ebd. S. 35.

Aushöhlung und Perversion des Rechtsstaates im Dritten Reich, sondern auch sein Aufenthalt im Kaukasus, wo er mit den an der Ostfront häufigen Gewaltexzessen konfrontiert wurde. In seiner Friedensschrift kam er nun zu der Auffassung, daß der Nihilismus, der im Nationalsozialismus voll zur Entfaltung gekommen sei, nur durch eine Rechristianisierung überwunden werden könne.[218]

Trotz seiner Abwendung von den radikalen nationalrevolutionären Positionen der Zwischenkriegszeit finden sich in seinen Aufzeichnungen immer wieder Abschnitte, die eine weiterhin rechtskonservative Einstellung erkennen lassen. So sprach er sich zwar gegen den Antisemitismus aus, machte aber gleichzeitig deutlich, daß es auch ein Phänomen des „Antigermanismus" gebe. Gerade im Hinblick auf die enormen Opferzahlen unter der deutschen Zivilbevölkerung wies er die einseitige Täter-Opfer-Darstellung, wie sie nach dem Krieg vorzuherrschen begann, zurück: „Der Opfer der vergangenen Jahre wurde, in welch schauerlichen Verliesen sie auch erloschen, doch auf der anderen Seite des Erdballs mitleid- und liebevoll gedacht. Sie hatten ihre Anwälte. Die Zahl- und Namenlosen, die das gleiche Schicksal heute erleiden, sind ohne Fürsprecher. Ihr Todesröcheln verhallt in fürchterlicher Einsamkeit. Und wo trotz allen Verheimlichungen ihr Leid ein wenig durchdringt, da ruft es ein Gefühl dämonischer Befriedigung hervor."[219] Eine ähnlich kritische Haltung nahm er gegenüber der These einer deutschen „Kollektivschuld" am Krieg ein, die für ihn nur einen moralischen Vorwand darstellte, um das deutsche Volk schonungslos ausplündern zu können.[220]

---

[218] Vgl. ebd. S. 48.
[219] Ernst Jünger: *Jahre der Okkupation*, Stuttgart 1958, S. 212.
[220] Ebd. S. 130.

9 ‚Die Perfektion der Technik'

Über F.G. Jüngers theoretisches Werk, das in dem Buch ‚Die Perfektion der Technik' einen Höhepunkt erreichte, urteilte Armin Mohler in seinem Nachruf auf den Schriftsteller: „Der Rang des theoretischen Werkes von Friedrich Georg Jünger wird schon heute sichtbar. Auf ihn geht nämlich in Deutschland die ganze Diskussion über ‚Umweltschutz' und ‚Lebensqualität' zurück. Wer sich in dieser Problematik bewegt, greift stets, ob bewußt oder unbewußt, ob in direkter Übernahme oder über das Zwischenglied von Vulgarisatoren, auf das zurück, was F.G. Jünger gleich nach dem Krieg in seinem revolutionären Buch ‚Die Perfektion der Technik' entwickelt hat."[221] Auch die linksliberale ‚Zeit' stellte fest, daß sich die Ökologiebewegung „ganz auf die Argumentation des konservativen Autors Friedrich Georg Jünger zurückgezogen"[222] habe.

‚Die Perfektion der Technik' ist ohne Zweifel die bekannteste Schrift F.G. Jüngers. Nach eigener Aussage hatte er das Buch im Frühjahr 1939 begonnen und im Sommer desselben Jahres abgeschlossen. Zeitgleich war E. Jüngers antinationalsozialistischer Roman ‚Auf den Marmorklippen' erschienen. Eine zeitnahe Veröffentlichung sollte dem Autor jedoch nicht vergönnt sein. Das Buch wurde zwar schon im März 1940 von der Hanseatischen Verlagsanstalt in den Satz gegeben, aber dann doch nicht gedruckt. Als der Verlag ihn über die Verschiebung informiert hatte, schrieb er an seinen älteren Bruder: „Die Schrift über die Technik wird nicht gedruckt werden. Ich bin damit ganz einverstanden, denn warum soll ich mir mit Gewalt Flöhe in den Pelz setzen."[223] F.G. Jünger ging hier offensichtlich davon aus, daß sein Werk bei den Nationalsozialisten auf Mißfallen gestoßen wäre, sicher wollte der Autor aber auch seine Enttäuschung über die Verschiebung überspielen. Schließlich hätte er im Falle ernsthafter Bedenken sein Manuskript kaum eingereicht und freigegeben. Eine spätere Fassung,[224] die ebenfalls schon gesetzt

---

[221] Armin Mohler: *Zum Tod von F.G. Jünger, Barrikaden gegen die Technik.* In: *Die Welt*, 23. Juli 1977.

[222] Ebd.

[223] Zit. n. Geyer: *Jünger*, S. 127.

[224] Friedrich Georg Jünger: *Über die Perfektion der Technik*, Frankfurt/Main 1944. Von dieser ersten Version des technikkritischen Hauptwerkes dürften sich nur einige wenige Exemplare erhalten haben.

worden war, fiel am 27. Juli 1942 einem britischen Bombenangriff zum Opfer. Im darauffolgenden Jahr erklärte sich der Verleger Vittorio Klostermann dazu bereit, das Manuskript zu übernehmen. Doch führte ein weiterer Bombenangriff am 27. November 1944 zur Zerstörung der bereits in 3000 Exemplaren gedruckten ersten Auflage. Letztendlich hatte die Kriegsmaschinerie vorerst das Erscheinen des technikkritischen Schlüsselwerkes verhindert.

Bevor das Technikbuch 1946 erscheinen konnte, mußte der Verleger die Militärregierung davon überzeugen, daß es sich um ein unbedenkliches Buch handle. Dies war auch insofern notwendig, als F.G. Jünger – ohne es selbst zu wissen – auf der „black list" der amerikanischen Besatzungsbehörden stand, was aber schließlich ohne Folgen blieb. In einer Klarstellung, die Klostermann an die neuen Machthaber sandte, machte er auf die Verbindungen seines Autors zum Widerstand aufmerksam und präsentierte das Buch als antinationalsozialistisches Werk: „Für den aufmerksamen Leser geht aus dem Text deutlich hervor, daß mit der Perfektion der Technik der Versuch des Dritten Reiches, durch eine ins äußerste gesteigerte Organisation zu einem Erfolg zu kommen, gemeint war. Das Buch enthält eine Fülle von kritischen Bemerkungen zu den Zuständen im totalen Staat. Um eine Veröffentlichung zu ermöglichen, wurde jedoch der Nationalsozialismus nicht ausdrücklich genannt."[225]

Im Folgenden wird zu prüfen sein, inwiefern die Schrift tatsächlich als antitotalitäres Werk gedeutet werden kann. Jüngers Buch über ‚Die Perfektion der Technik' lag die Annahme zugrunde, daß die unleugbaren Fortschritte in der Mechanisierung eine Zunahme der manuellen Arbeit zur Folge haben würde.[226] Dabei führe die Steigerung der Produktion keineswegs zu einem Anstieg des allgemeinen Reichtums.[227] Vielmehr habe jedes Rationalisierungsstreben seinen Ursprung im Pauperismus, den man durch eine neuerliche Steigerung der Mechanisierung erfolglos zu überwinden versuche. F.G. Jünger wandte sich hier gegen jede Utopie, die im technischen Fortschritt die Lösung aller Menschheitsprobleme sieht. In der Expansion alles verwaltender Organisationen erblickte F.G. Jünger ein Indiz für die Unfähigkeit des technischen Fortschritts, der Mangelwirtschaft erfolgreich entgegenwirken zu können: „Niemand wird auf den Gedanken kommen, die Fülle und den Überfluß zu rationieren, dagegen rufen

---

[225] Zit. n. Morat: *Von der Tat zur Gelassenheit*, S. 292 f.
[226] Vgl. Jünger: *Die Perfektion der Technik*, S. 4 ff.
[227] Vgl. Ebd. S. 8 ff.

der Mangel und die Not sofort Maßnahmen hervor. Das Kennzeichen solcher Mangel-Organisationen ist, daß sie nichts erzeugen und vermehren. Sie bauen den vorhandenen Reichtum nur ab, und sie leisten diese Aufgabe um so vorzüglicher, je rationaler sie gedacht sind."[228]

Und F.G. Jünger ging noch weiter: So konstatierte er, daß rationalistisches Wirtschaften immer auch zu einer Zerstörung der Substanz und zu rücksichtslosem Raubbau (z.B. im Kohleabbau) führe, weshalb das, was Produktion genannt werde, in Wirklichkeit Konsum und Umweltzerstörung sei: „Wo der Raubbau einsetzt, dort beginnt die Verwüstung, und Bilder der Verwüstung sind es, die schon der Anfang unserer Technik darbietet [...]. Diese Bilder überraschen durch ihre ungewöhnliche Häßlichkeit und durch die kyklopische Macht, die ihnen eigentümlich ist. Die Technik dringt verwüstend und umgestaltend in die Landschaft ein, sie stampft Fabriken und ganze Fabrikstädte aus dem Boden hervor, Städte von grotesker Häßlichkeit, in denen die menschliche Misere unverhüllt ans Licht tritt [...]. Sie verräuchert die Luft, verpestet das Wasser, vernichtet die Wälder und Tiere."[229]

Freilich hatte sich in Deutschland seit dem späten neunzehnten Jahrhundert eine Umweltbewegung herausgebildet, die ihre Wurzeln in der Romantik besaß und mit der Lebensphilosophie des frühen zwanzigsten Jahrhunderts – hier ist vor allem Ludwig Klages' Aufsatz ‚Mensch und Erde' (1913) zu nennen – sowie der Lebensreform und der Anthroposophie an Dynamik gewann, so daß F.G. Jüngers Technikkritik durchaus ihre Vorläufer hatte. Dennoch markierte seine grundlegende Analyse der allgemeinen Technisierung in ihrer Intensität einen Neuansatz, der erst seit der zweiten Umweltbewegung (1970er bis 1980er Jahre) in Deutschland auf breiter Basis zur politischen Entfaltung kommen konnte. Jünger war seiner Zeit also weit voraus.

Es fällt auf, daß ‚Die Perfektion der Technik' über weite Strecken auch als antikapitalistische Schrift gelesen werden kann. Der Autor teilte jedoch keineswegs die Gewißheit der Marxisten, daß es nur darum ginge, die Produktionsmittel dem Proletariat zur Verfügung zu stellen. Für F.G. Jünger spielte es überhaupt keine Rolle, ob die Arbeiter selbst oder die Unternehmer über die Maschinen verfügten. In beiden Fällen könne nicht verhindert werden, daß die Technisierung den Menschen von der Natur entfremde und dieser irreparable Schäden zufüge.

---

[228] Ebd. S. 15.
[229] Ebd. S. 19.

F.G. Jünger hatte in dem bereits zitierten Brief an seinen Bruder geäußert, daß sein Buch für die Nationalsozialisten eine Provokation bedeutet habe. Hier stellt sich natürlich die Frage, welche Thesen bei einer früheren Veröffentlichung zu Problemen hätten führen können. Der Autor äußerte sich negativ über die Masse, Propaganda, Reklame und die Schauspielerei, die er eng mit der sich perfektionierenden Technik verknüpfte.[230] Nun gehörte der enorme propagandistische Aufwand aber zu den wesentlichen Kennzeichen des Nationalsozialismus, und Hitler hatte seine Auftritte eher als Bühnenstücke und weniger als traditionelle politische Reden inszeniert. Darüber hinaus betrachteten die Nationalsozialisten ihre Bewegung explizit als modern und dynamisch, weshalb sie selbstverständlich auch die neuesten technischen Errungenschaften für ihre Zwecke nutzten, so daß Jüngers Befürchtung nicht ganz unbegründet war. Man sollte aber auch nicht vergessen, daß die Blut-und-Boden-„Romantik" im Dritten Reich zum Teil auch technikkritisch interpretierbar ist, weshalb man nicht von einer weltanschaulichen Totalopposition des Buches sprechen kann. Dennoch lassen sich in der ‚Perfektion der Technik' immer wieder „nonkonformistische" Passagen ausfindig machen. So fällt auf, daß F.G. Jünger einen positiven Bezug zum Volk zum Ausdruck bringt, was im Hinblick auf die NS-Parole „Ein Volk, ein Reich, ein Führer" zunächst unbedenklich erscheint. Offenkundig betrachtete der Autor die Bevölkerung des Dritten Reiches aber weniger als – organisch gewachsenes und gegliedertes – Volk, sondern als moderne, entwurzelte „Masse", worin eine sehr pessimistische Bestandsaufnahme des nationalsozialistischen Status quo zu erkennen ist.

Es erstaunt auch, daß F.G. Jünger davon absah, die Utopie einer technikfreien Zukunft zu proklamieren. Dennoch wies er, eher beiläufig, auf die großen Lebenszyklen von Mensch und Erde hin, die jedoch immer mehr durch das Mechanische zurückgedrängt würden: „Der Rhythmus des Mechanischen ist von einer automatischen Leblosigkeit und Härte. Wo er vordringt, dort verdrängt er die metrische und zyklische Bewegung des Menschen."[231] Hier wird eine gewisse weltanschauliche Kontinuität in seinem Denken deutlich. Schließlich sprach er sich, indem er ein zyklisches Weltbild andeutete, für eine antiliberale, fortschrittskritische Lebensweise aus, die, wenn auch anders begründet, untrennbar mit seinem publizistischen Frühwerk verbunden ist.

---

[230] Vgl. ebd. S. 111 ff.
[231] Ebd. S. 129.

Ohne Zweifel hatte sich F.G. Jünger bei der Abfassung der ‚Perfektion der Technik' durch den ‚Arbeiter' seines Bruders inspirieren lassen, in dem bereits von einer „Zeit des großen Verzehrs" die Rede war. Jedoch besteht ein grundlegender Unterschied in der Grundtendenz beider Werke. Während E. Jünger davon ausging, daß die Herrschaft des Arbeiters einen „statischen" und „höchst geordneten Raum" hervorbringen würde, glaubte F.G. Jünger, daß die Technik in ihrem Endstadium schließlich zur totalen Selbstzerstörung führen müsse. Es ist folglich nicht falsch, ‚Die Perfektion der Technik' sowohl als Weiterführung als auch als Kritik des ‚Arbeiters' zu interpretieren.

1949 erschien die um einen Anhang erweiterte Ausgabe[232] der ‚Perfektion der Technik', in der die beiden Weltkriege vor allem unter dem Aspekt der totalen Entfaltung der Technik behandelt wurden. Ähnlich wie sein älterer Bruder nach 1918 betonte er den „strenge[n] Arbeitscharakter der Weltkriege"[233], der sich bereits darin zeige, daß der Glanz der Uniformen der farblosen Arbeitsmontur gewichen sei. Hier brachte er seine Trauer über den Verlust des heroischen Aspekts des Krieges zum Ausdruck. Im Gegensatz zu E. Jünger betonte er jedoch die „abnutzende Kraft" des Krieges und den alles verzehrenden Sog der „totalen Mobilmachung": „Die Materialschlacht in ihrer ganzen Ideenlosigkeit und Planmäßigkeit bietet ein Bild des Menschen, der sich in die Netze seines eigenen Denkens verfangen hat und von seiner eigenen Maschinerie vernichtet wird."[234]

Während liberale Denker vom technischen Fortschritt gewöhnlich eine Steigerung des allgemeinen Wohlstandes und dadurch eine Abnahme kriegerischer Aktivitäten erhoffen, nahm F.G. Jünger eine pessimistischere Zukunftsprognose vor. So ging er davon aus, daß im „Zeitalter der Technik" niemals ein stabiler Zustand möglich und ein künftiger dritter Weltkrieg unvermeidlich sei.

---

[232] Friedrich Georg Jünger: *Die Perfektion der Technik*, 2. Auflage, Frankfurt/Main 1949 [1. Auflage: 1946].
[233] Friedrich Georg Jünger: *Die Perfektion der Technik*, 4. Auflage, Frankfurt/Main 1953, S. 181.
[234] Ebd. S. 184.

10 Weitere Schriften der Nachkriegszeit

Als im April 1946 der Schriftsteller und Lizenzjournalist Alfred Döblin versuchte, F.G. Jünger für die Mitarbeit an der literarischen Monatsschrift ‚Das goldene Tor' zu gewinnen, lehnte dieser ab.[235] Auch gegenüber anderen Angeboten verhielt er sich ablehnend, vermutlich weil er keine Möglichkeit sah, den inhaltlichen Kurs der jeweiligen Zeitschriften maßgeblich zu beeinflussen. Seit 1947 plante er eine eigene Zeitschrift mit dem Titel ‚Musische Blätter', in der er Verbindungen zwischen eigenständigen und außerhalb der ideologischen Formationen stehenden Denkern herstellen wollte. Erneut wird damit offensichtlich, daß F.G. Jünger seine geistige Unabhängigkeit zu bewahren suchte und keineswegs gewillt war, sich einem neuen, westlich-demokratischen Staat als Stichwortgeber zur Verfügung zu stellen. Trotz seines Rückzugs aus dem gesellschaftspolitischen Bereich blieb er ein deutscher Patriot und Gegner alliierter Fremdbestimmung: „Ich lebe zur Zeit unter Siegern und wünsche mir nicht, einer von ihnen zu sein. Meine Zukunft gehört niemandem, sie gehört mir allein. Und mein Vaterland ist weder zu erobern noch zu unterwerfen."[236] Obwohl das erste Heft der ‚Musischen Blätter' im Juni 1946 bereits fast fertiggestellt war, scheiterte das Vorhaben aufgrund der restriktiven Lizenzbestimmungen der Siegermächte. Auch die Zeitschrift ‚Pallas', die zwei Jahre später unter der Ägide des Klett-Verlages von den Jünger-Brüdern, Martin Heidegger, Werner Heisenberg und Gerhard Nebel herausgegeben werden sollte, konnte nicht verwirklicht werden.

F.G. Jünger ließ es sich trotz dieser Fehlschläge nicht nehmen, weiter als Lyriker und Schriftsteller publizistisch zu wirken. 1946 veröffentlichte er mit ‚Der Westwind'[237] einen Gedichtband bei Vittorio Klostermann. Es wurde bereits angeführt, daß er es nach 1945 stets vermied, über seine nationalrevolutionäre Vergangenheit zu sprechen. In diesem Bändchen gab er jedoch in einem Gedicht, das er mit dem Titel ‚Selbstbildnis' überschrieb, einen Hinweis auf seine gewandelte Einstellung:[238]

---

[235] Vgl. zum Folgenden: Geyer: *Jünger*, S. 133 ff.
[236] Zit. ebd. S. 134.
[237] Friedrich Georg Jünger: *Der Westwind. Ein Gedichtsband*, Frankfurt/Main 1946.
[238] Ebd. S. 43.

Durch Zeit und Menschen nicht verwöhnt, so streif' ich
Der Jugend Torheit lachend ab und sage:
Vom Narren bleibt in mir genug, ich habe
Vorrat bis in die letzten Tage.

1947 folgten drei weitere Gedichtbände mit den Titeln ‚Die Silberdistelklause',[239] ‚Das Weinberghaus'[240] und ‚Die Perlenschnur',[241] die 1954 unter dem Titel ‚Ring der Jahre'[242] neu herausgegeben wurden.

1947 entschloß sich F.G. Jünger, den Fragebogen der französischen Besatzungszone auszufüllen, woraufhin er im August 1948 als unbelastet eingestuft wurde. Sein älterer Bruder hatte sich hingegen geweigert, seine Daten im Entnazifizierungsformular preiszugeben. Das Nachgeben des Jüngeren sollte aber nicht als konformistisches Verhalten fehlinterpretiert werden. So schrieb er im März 1946 in sein Tagebuch: „Was mich abstößt an der Gegenwart, ist die Geschwätzigkeit, der Bekenntnisdrang, der Hang zur Selbsterniedrigung, das Bußgeschrei, die falsche aufgenötigte Christlichkeit. Menschen, die einem geschichtlichen Moment nicht gewachsen sind, treten hervor und schlagen sich vor die Brust. Schweigen aber wäre Gold."[243]

Genau so, wie er sich 1933 zur inneren Emigration entschlossen hatte, sah er sich nun im Hinblick auf die Besatzungswirklichkeit dazu genötigt, auf Distanz zu den neuen Herrschaftsverhältnissen zu gehen. Dabei lassen seine Aufzeichnungen keinen Zweifel daran, daß er den Status quo Nachkriegsdeutschlands für ähnlich verächtlich hielt wie das Dritte Reich.

Im Dezember 1948 zog E. Jünger mit seiner Familie nach Ravensburg, dessen französische Besatzungsbehörden ihm weniger Schwierigkeiten bereiteten. Darüber hinaus brachte der Ortswechsel den Vorteil, daß persönliche Treffen mit seinen geistigen Weggefährten und Gesprächspartnern wie seinem Bruder F.G. Jünger (Überlingen), Hans Speidel (Freudenstadt) und Martin Heidegger (Freiburg) häufiger möglich wurden. Damals stieß auch der junge Armin Mohler

---

[239] F.G. Jünger: *Die Silberdistelklause*, Hamburg o. J. [1947].
[240] F.G. Jünger: *Das Weinberghaus*, Hamburg o. J. [1947].
[241] F.G. Jünger: *Die Perlenschnur*, Hamburg 1947.
[242] F.G. Jünger: *Ring der Jahre. Gedichte*, Frankfurt/Main 1954.
[243] Tagebucheintrag F.G. Jüngers vom 22. März 1946. Zit. n. Morat: *Von der Tat zur Gelassenheit*, S. 297.

als Sekretär zu E. Jünger und dokumentierte jene Jahre in seinem ‚Ravensburger Tagebuch'.[244]

Nach dem Essayband ‚Orient und Okzident'[245] und dem Buch ‚Gespräche'[246] veröffentlichte F.G. Jünger eine Fortsetzung seiner Technikkritik unter dem Titel ‚Maschine und Eigentum',[247] die der ‚Perfektion der Technik' seit der dritten Auflage als ‚Zweiter Teil' beigefügt war. Hier stellte er nun die folgende These auf: „Nutzung ohne Pflege führt nicht zu Eigentum. Nutzung ohne Pflege ist das Verhalten des Menschen vor Begründung des Eigentums. Dort aber, wo Eigentum besteht, ist Nutzung ohne Pflege Diebstahl, rücksichtslose Entnahme, Mißwirtschaft, Raubbau."[248] Die Expansion der Technik, so der Autor, müsse als Generalangriff auf das Eigentum verstanden werden.[249] Ein stabiles Verhältnis von Mensch und Natur sei aber nur dann möglich, wenn eine Ökonomie betrieben werde, die auch die mit dem Eigentum einhergehenden Verpflichtungen berücksichtige. Im Gegensatz zu der Urfassung der ‚Perfektion der Technik' plädierte F.G. Jünger in seiner zweiten Technikschrift auch für einen erneuerten Umgang mit der Natur: „Die Erde bedarf des Menschen als eines Pflegers und Hirten. Wir müssen wieder lernen, sie wie eine Mutter zu behandeln. Dann werden wir auf ihr gedeihen."[250] Passagen wie diese können jedoch nicht darüber hinwegtäuschen, daß der Autor keine konkreten Maßnahmen vorschlagen konnte. Seine Kritik an der Maschinenwelt blieb auch in den erweiterten Auflagen eine pessimistische Bestandsaufnahme der vorherrschenden Lage.

Bereits in seiner nationalrevolutionären Frühphase hatte sich F.G. Jünger intensiv mit Nietzsche beschäftigt. Jedoch äußerte er sich erst 1949 in dem Essay ‚Nietzsche'[251] umfänglich und gründlich zu dem großen Philosophen. Als Kernpunkte von Nietzsches Denken arbeitete er die „Umwertung aller Werte", den „Willen zur Macht", den Gedanken der „ewigen Wiederkehr" und die Lehre vom „Übermenschen" heraus. Obwohl Nietzsches zyklisches Denken als

---

[244] Armin Mohler: *Ravensburger Tagebuch. Meine Zeit bei Ernst Jünger 1949/50*, Wien 1999.

[245] F.G. Jünger: *Orient und Okzident. Essays*, Hamburg 1948.

[246] F.G. Jünger: *Gespräche*, Frankfurt/Main 1948.

[247] F.G. Jünger: *Maschine und Eigentum*, Frankfurt/Main 1949.

[248] Ebd. S. 83.

[249] Vgl. ebd. S. 38.

[250] Ebd. S. 191.

[251] F.G. Jünger: *Nietzsche*, Frankfurt/Main 1949.

Gegenmodell zum fortschrittlich-linearen Weltbild gedeutet werden kann, kritisierte F.G. Jünger, daß Nietzsche den linearen Zeitbegriff noch immer nicht konsequent genug abgelehnt und darüber hinaus die mystische Dimension vernachlässigt habe: „In Nietzsches Wiederkunftslehre fehlt der unterirdische Dionysos, der Gott des chthonischen Werdens, der in die apollinische Seinswelt einbricht und sie umkehrt. Dionysos ist der Gott der Umkehr. Nietzsches ewige Wiederkehr kennt diese Umkehr nicht. Sie ist ein aus sich rollendes Rad, und dieses Rad hat immer die gleiche Rotation."[252] Der Autor unterließ es hier erneut, konkrete Schlüsse aus seinen Ausführungen zu ziehen. Es wird aber trotzdem deutlich, daß er die Dominanz des rationalen Denkens (symbolisiert durch den Gott Apollon) durchbrechen wollte, um eine geistige Kehre zu bewirken. Wenn F.G. Jünger es auch unterließ, seine Ausführungen etwa in politischen Handlungsvorschlägen zu konkretisieren, ist offensichtlich, daß er sich zumindest auf einer philosophischen Ebene gegen das materialistische Selbstverständnis der soeben gegründeten Bundesrepublik wandte.

Nietzsches Nihilismusdiagnose hatte, wie zu Beginn angedeutet, gerade unter den konservativen Revolutionären der Weimarer Republik große Beachtung gefunden. Auch in seinem späteren Essay bezog sich F.G. Jünger noch zustimmend auf Nietzsches Vorhersage eines neuen „Zeitalters der Barbarei". Allerdings verband er den Nihilismusbegriff mit der Technikkritik: „Wenn der Mensch keinen Sinn mehr in sich hineinlegt, dann ist auch kein Sinn mehr in ihn hineinzulegen. Dieser Mangel an Sinn verbindet sich heute mit seiner Arbeit [...]. Eine in sich rotierende Arbeitswelt, die sich mit ökonomischen und technischen Maßstäben begnügt, treibt die Masse als Arbeitssklaven im Kreislauf umher. Der Gesamtarbeitsprozeß, in dem alles aufgeht, ist zweckmäßig, ist rational vollkommen durchdacht, aber er hat jeden Sinn verloren [...]. Denn wozu diese ganze Arbeit? Und wozu diese immer riesenhafteren Arbeitskollektive, in denen der Mensch das Leben von Ameisen und Termiten zu führen beginnt?"[253]

Auch hier wird erneut deutlich, daß seine Grundgedanken und, mehr noch, sein Lebensgefühl nicht der Leitdoktrin der jungen Bundesrepublik entsprachen. Schließlich wurde im Deutschland der fünfziger und sechziger Jahre das Streben nach Wirtschaftswachstum und Massenkonsum zum allgemeinen Sinn-Surrogat und insbesondere zum Ersatz für gescheiterte und verabschiedete politische

---

[252] Ebd. S. 128.
[253] Ebd. S. 136 f.

Machtbestrebungen. Erst seit den siebziger Jahren erreichte die Kritik an der Produktions- und Konsumideologie breitere Bevölkerungsschichten; allerdings gelang es den konservativen Intellektuellen, die für ein anderes Naturverständnis antraten, aufgrund ihrer bildungsbürgerlichen Medien- und Politikferne nicht, das geistige Vakuum zu füllen. Dies blieb den neomarxistischen Achtundsechzigern, aus denen sich später wesentliche Teile der Umweltbewegung rekrutierten, vorbehalten. Vor allem seit der Gründung der Partei ‚Die Grünen' wird die ökologische Bewegung, ungeachtet ihrer konservativen Wurzeln, als linkes Projekt angesehen.

Nietzsche hatte der Masse stets Verachtung entgegengebracht. Auch F.G. Jünger kritisierte, daß gerade in der bürgerlichen Gesellschaft aufgrund ihrer mangelnden Fähigkeit zur „Typenbildung" eine wirkliche Volkspädagogik kaum möglich sei. In Fundamentalopposition zum Dritten Reich hatte er die nationalsozialistische Führungsschicht abwertend als „Schauspieler" gekennzeichnet. In seinem Nietzsche-Essay griff er dieses Bild wieder auf, indem er die Führer der bürgerlichen Masse, denen er vorwarf, blutleere Mechaniker des Rationalismus zu sein, als „nachgemachte Schauspieler" bezeichnete.[254] Offensichtlich attackierte F.G. Jünger hier die liberalen Politiker der modernen Massendemokratie, die für ihn ähnlich verabscheuungswürdig waren wie die nationalsozialistischen Führungsschichten, worin eine gewisse Kontinuität zu seinem Frühwerk erkannt werden kann. Freilich verzichtete er auf eine polemische Ausdrucksweise und eine deutliche Kennzeichnung seiner Ausführungen als Kritik an der parlamentarischen Demokratie insgesamt.

Im Hinblick auf die von F.G. Jünger als nihilistisch charakterisierte Massengesellschaft stellt sich natürlich die Frage, welche Auswege sich bieten könnten. Mit Bezug auf Nietzsches Lehre von der ewigen Wiederkehr des Gleichen konstatierte er, daß ein Neuanfang nur auf der Grundlage der Zerstörung des Alten erreichbar sei: „Es ist der Konsumtionsvorgang, der sie [die Masse] selbst konsumiert. Das ist das Ende der Bewegung und zugleich der Anfang von etwas Neuem."[255]

Gedankenfiguren wie diese gehören nach Mohler zu den zentralen Kategorien der Konservativen Revolution. Es ist anzunehmen, daß F.G. Jüngers zyklische Philosophie einen starken Einfluß auf Mohlers 1950 erschienene Dissertation hat-

---

[254] Ebd. S. 147.
[255] Ebd. S. 168.

te. Diesen im Einzelnen nachzuzeichnen, würde den Rahmen dieser Einführung sprengen; es bleibt aber festzuhalten, daß F.G. Jünger trotz seines Rückzugs aus der explizit politischen Publizistik noch immer Positionen vertrat, die nach Mohlers Auffassung zum Grundbestand konservativ-revolutionären Denkens zählten.

Nach dem Erfolg der ‚Perfektion der Technik' nahm F.G. Jünger in den fünfziger und sechziger Jahren die Stellung eines niemals populären, aber doch arrivierten Autors ein.[256] Der zunehmenden Aufmerksamkeit, die seinem Werk entgegengebracht wurde, entsprach die Verleihung des neu gestifteten Literaturpreises der Bayerischen Akademie der Schönen Künste im Jahre 1950. Es folgten 1953 der Immermann-Preis der Stadt Düsseldorf, 1955 der Bodensee-Literaturpreis der Stadt Überlingen, 1956 der Literaturpreis des Kulturkreises im Bundesverband der Deutschen Industrie und 1958 der Wilhelm-Raabe-Preis der Stadt Braunschweig. Nachdem er im selben Jahr anläßlich seines 60. Geburtstages die Ehrendoktorwürde der Philosophischen Fakultät der Universität Freiburg erhalten hatte, wurde ihm zwei Jahre später der Kunstpreis des Landes Nordrhein-Westfalen zugesprochen. Auf dem Zenith seines schriftstellerischen Wirkens zeichnete ihn der spätere Bundeskanzler Kurt Georg Kiesinger mit dem Großen Bundesverdienstkreuz aus. Trotz dieser Erfolge gelang es ihm niemals, sich eine hinreichende finanzielle Basis zu schaffen, so daß seine Ehefrau, die in Überlingen ein erfolgreiches Kunstgewerbegeschäft (die „Bunte Stube") betrieb, weiterhin für den Lebensunterhalt zuständig war.

1950 veröffentlichte er seinen ersten Erzählungsband ‚Dalmatinische Nacht'[257], in dem er erneut das mythische Erbe aufgriff und seine Technikkritik anklingen ließ. Auch in den folgenden Jahrzehnten konnte er sich, dank seiner finanziellen Unabhängigkeit aufgrund der Einkünfte seiner Frau, der Abfassung zahlreicher Gedichte, Erzählungen und Essays widmen, die Geyer in seiner Werkbiographie ausführlich behandelt.

E. Jünger hatte wie sein jüngerer Bruder nach 1945 auf eine Fortsetzung seiner politischen Publizistik der Weimarer Jahre weitgehend verzichtet. Eine gewisse Ausnahme stellt jedoch das Buch ‚Der Waldgang'[258] dar, das auch als Manifest eines politischen Widerstandes gegen die herrschenden Verhältnisse gelesen werden kann. Eine oppositionelle Haltung gegenüber den Siegermächten des Zweiten

---

[256] Vgl. Geyer: *Friedrich Georg Jünger*, S. 160 ff.
[257] F.G. Jünger: *Dalmatinische Nacht*. Erzählungen, Tübingen 1950.
[258] Ernst Jünger: *Der Waldgang*, Frankfurt/Main 1951.

Weltkrieges einnehmend, skizzierte er den Anbruch eines totalitären Zeitalters, wobei er kaum zwischen der vergangenen nationalsozialistischen Herrschaft, dem Sowjet-Kommunismus und der westlichen Demokratie zu unterscheiden scheint. Wenngleich der Autor die Adressaten seiner Kritik nicht explizit benannte, verstanden viele Leser, wie etwa Armin Mohler[259], die Intention des Textes. E. Jüngers Figur des „Waldgängers" kann als gedankliche Weiterentwicklung des „Arbeiters" interpretiert werden. Während das Zeitalter des „Arbeiters" durch Technisierung und kollektive Gleichschaltung gekennzeichnet ist, versucht der „Waldgänger", aus der mechanisierten Welt herauszutreten und seine Freiheit durch einen Widerstand gegen die bürokratisch-technische Herrschaft durchzusetzen. Doch stieß der „Waldgänger" nicht nur auf Zustimmung. Ernst Niekisch beispielsweise bezeichnete die Gestalt in einem unveröffentlichten Manuskript als „verkappten Nihilisten" und äußerte das Bedenken, daß E. Jüngers Modell einem Austritt aus der Geschichte gleichkäme. Auch wenn die Gestalt des „Waldgängers" politisches Verwertungspotential bot, verabschiedete sich E. Jünger mit diesem Gedankenmodell ganz offensichtlich aus der – nach Carl Schmitt – vom Freund-Feind-Gegensatz gekennzeichneten Sphäre des Politischen, weil der im Verborgenen agierende, sich nur durch sein widerständiges Sein dem Zugriff von Staat und Gesellschaft entziehende „Anarch" keine offene Auseinandersetzung mit dem politischen Gegner mehr sucht. E. Jünger unterstrich seinen sukzessiven Rückzug aus der Politik, indem er seine seit 1960 beim Klett-Verlag erscheinende Gesamtausgabe „entschärfte". Insbesondere Armin Mohler empörte sich über diese Selbstzensur, was schließlich sogar zum Bruch mit Jünger führte.

In den siebziger Jahren wurde es stiller um F.G. Jünger, und seine Gesundheit verschlechterte sich. Nachdem er 1975 bereits stark an Gewicht verloren hatte, ließ er sich im Überlinger Krankenhaus gründlich untersuchen, wobei eine Krebserkrankung im fortgeschrittenen Stadium diagnostiziert wurde. Trotz einer Operation konnte er sich auch in der folgenden Zeit nicht mehr erholen. Am 20. Juli 1977 verstarb der Dichter im Haus an der Überlinger Seepromenade.

Seine Frau Citta Jünger notierte hierzu: „Georg hatte eine sehr unruhige Nacht, ging aus dem Bett und wollte ‚heim zum Bodensee' [...]. Ich hielt die ganze Zeit seine Hände in den meinen. Plötzlich schloß er die Augen – ich rief

---

[259] Armin Mohler bemerkte in seinem Briefwechsel mit Carl Schmitt, daß ‚Der Waldgang' der erste im engeren Sinne politische Text seit dem ‚Arbeiter' gewesen sei. Vgl. Armin Mohler (Hrsg.): *Carl Schmitt – Briefwechsel mit einem seiner Schüler*, Berlin 1995, S. 106.

ihn noch einmal heftig, da machte er sie noch einmal auf und sah mich an, dann schlossen sich seine Augen für immer […]. Ernst flehte Georg an, noch ein Wort zu sagen, doch sein Mund blieb stumm für immer."[260]

---

[260] Zit. n. Geyer: *Jünger*, S. 288 f.

11 Schluss

Auch wenn der späte F.G. Jünger in seinen autobiographischen Aufzeichnungen ersichtlich darum bemüht war, seine Begeisterung über den Ausbruch des Ersten Weltkriegs zu kaschieren, kann kein Zweifel darüber bestehen, daß dieses weltgeschichtliche Ereignis, wie bei den meisten Schriftstellern seiner Generation, größten Einfluß auf seine gesamte publizistische Entwicklung ausgeübt hat. Zwar endete sein erster Fronteinsatz, bei dem er schwer verwundert wurde, im Feldlazarett, aber der militante Antipazifismus seines nationalrevolutionären Frühwerks wäre ohne das Kriegserlebnis kaum denkbar.

Während E. Jünger bald große Erfolge als gefeierter Weltkriegsautor hatte, blieb sein stillerer jüngerer Bruder zeitlebens ein metaphysischer Sinnsucher. Obwohl dem promovierten Juristen der Weg in ein wohlsituiertes bürgerliches Leben offen gestanden hätte, entschied er sich für die ungesicherte Existenz eines freien Schriftstellers. Sein Schaffen zeigte anfangs jedoch noch wenig authentische Konturen. So war sein Erstlingswerk ‚Aufmarsch des Nationalismus' in erster Linie eine radikalisierte Fortsetzung der nationalrevolutionären Programmatik, die sein Bruder vorgezeichnet hatte. F.G. Jünger war sich dieser Tatsache sicher bewußt, weshalb er sich durch gesteigerte Polemik ein Alleinstellungsmerkmal zu erschreiben suchte und dabei auch Anleihen am völkischen Jargon nicht scheute. Eine gewisse Eigenständigkeit gegenüber dem älteren Bruder besteht jedoch in seiner ausgiebigen Rezeption wegweisender Autoren, deren Kenntnis er ihm vermittelte: So machte er ihn vor allem auf Oswald Spengler aufmerksam und konnte damit zumindest indirekt Einfluß auf die Genese des „Neuen Nationalismus" nehmen.

Die politische Realität der Weimarer Republik schlug sich bei F.G. Jünger in einem radikalen Antiparlamentarismus nieder, der in ähnlicher Form auch in Carl Schmitts Pluralismuskritik zum Ausdruck kam. Freilich erreichte er niemals dessen Tiefe in der Durchdringung staatsphilosophischer Phänomene; trotzdem ließen ihn seine radikalen Ausfälle gegen Demokratie und Parlamentarismus schnell zu einem gefragten nationalrevolutionären Publizisten aufsteigen, der seine Artikel in diversen einschlägigen Zeitschriften plazieren konnte. Wie am Beispiel des ‚Dreikanters' aufgezeigt wurde, sind viele seiner gewaltverherrlichenden Äußerungen aber nicht als realpolitische Programmatik zu verstehen, sondern als poetische Metaphorik, auf die er anscheinend bei der Ausbildung eines eigenen Stils nicht verzichten konnte.

Dieses Wirken fand mit der „Machtergreifung" der Nationalsozialisten 1933 ein jähes Ende. Bereits in den vorangegangen Jahren hatten die Jünger-Brüder eine deutliche Distanz zu Hitler und seinen Gefolgsleuten gewahrt. Nachdem eine oppositionelle Haltung – wie das Beispiel Edgar Julius Jungs unmißverständlich gezeigt hatte – nun aber lebensgefährlich sein konnten, legten sich beide Autoren Zurückhaltung auf und zogen sich, mehr oder weniger, in eine innere Emigration zurück. Gleichwohl formulierten sie in ihren Werken eine literarisch verbrämte Kritik der politischen Verhältnisse: Während E. Jünger seine Erfahrungen mit dem Regime in seinem berühmten Roman ‚Auf den Marmorklippen' verarbeitete, prangerte F.G. Jünger die Herrschaft Hitlers unter anderem in seinem Gedicht ‚Der Mohn' an.

Die oppositionelle Haltung gegenüber den Nationalsozialisten darf nicht darüber hinwegtäuschen, daß sich F.G. Jünger auch nach 1945 nicht zur liberalen Demokratie bekehren lassen wollte. Als „Waldgänger" zog er es wie sein Bruder vor, jenseits von westlicher und östlicher Ideologie einen „Dritten Weg" zu beschreiten, der im bundesrepublikanischen Kontext nur der Weg eines Einzelnen sein konnte.

Den Höhepunkt seiner schriftstellerischen Karriere stellte ohne Zweifel die Veröffentlichung der ‚Perfektion der Technik' dar, in der er den Glauben an einen allgemeinen Menschheitsfortschritt zurückwies und in Anknüpfung an Nietzsche ein zyklisches Weltbild entwarf. In seiner Vorwegnahme späterer Tendenzen und Theoreme der Umweltbewegung zeigt sich der innovative Charakter dieses Buches.

Heute ist der konservative Schriftsteller und Dichter nur noch einem recht kleinen Kreis von Lesern bekannt, die einen Zugang zu seinem Werk meist erst über die Lektüre der Bücher seines Bruders gefunden haben. Besonders seine frühen nationalrevolutionären Texte befremden heute in Diktion und Inhalt und scheinen mit ihrer Tagesaktualität jede Botschaft für die Gegenwart verloren zu haben. Einige seiner Stellungnahmen können jedoch, ungeachtet ihres Tonfalls, angesichts der heutigen Sinnkrise des Parteienstaates und des Souveränitätsverlusts der demokratischen Nationalstaaten infolge von Globalisierung und ökonomischer Dauerkrise, auch unter einem erneuerten Blickwinkel gelesen werden. Insbesondere aber kommt seiner Verbindung von Technikkritik, Umweltbewußtsein, Erfahrung einer zyklischen Zeitlichkeit und mythischen Denkfiguren eine eigenständige

Bedeutung zu, die weitere Beschäftigung verdient hat. Zwar werden heute linksliberaler Fortschrittsglauben und ökologisches Denken von den Meinungsmachern in Politik, Wissenschaft und Medien scheinbar untrennbar miteinander verbunden, aber eine neue Auseinandersetzung mit dem Werk F.G. Jüngers kann uns ein Bewußtsein dafür vermitteln, daß ein immer weiter wachsender Fortschritt wegen der begrenzten Ressourcen der Erde ökologisch unmöglich und zudem angesichts des Verlusts an menschlicher Seinstiefe und Welt-Beheimatung gar nicht wünschenswert wäre.

Aufgrund der fortwährenden Relevanz vieler Fragen, die aus F.G. Jüngers Werk zu uns sprechen – und weniger der zeitbedingten Antworten, die er im Einzelnen gegeben hat – wurden diesem Band einige Schriften aus seinem publizistischen Frühwerk beigegeben. Diese, an entlegenen Orten veröffentlichten und heute kaum noch zugänglichen Texte spiegeln die Entwicklung des Autors vom radikalen Nationalrevolutionär zum konservativen Kritiker des Nationalsozialismus. Sie treten damit seinen auf dem Buchmarkt erheblich besser greifbaren späteren Werken ergänzend an die Seite und regen günstigenfalls zu einer vertiefenden Auseinandersetzung mit einem nachdenklichen und vielseitigen Schriftsteller an.

Anhang:
Auswahl aus Friedrich Georg Jüngers politischen Schriften

Die Kampfbünde
(1926)

Der Nationalismus ist eine Bewegung voll Zukunft, nicht allein für Deutschland, sondern für alle Länder des europäischen Kontinentes. Sein Vordringen und Wachstum ist die bedeutendste politische Erscheinung der Nachkriegszeit. Ihn zu fördern und ihm mit allen Mitteln zur Herrschaft zu verhelfen, ist die vornehmste Pflicht aller derer, die sich heute unter seinen Fahnen zu sammeln beginnen und von seinem blutmäßigen Bewußtsein erfüllt sind.

Aber indem wir die Waffen zu diesem Kampfe schärfen, müssen wir uns der Konsequenzen bewußt sein, zu denen uns die einheitliche Bindung dieses Willens nach einem neuen Staate führt. Wir müssen die geistigen Formen und Ziele entwickeln, die von der Gegenwart noch halb verhüllt sind. Wir müssen die wesentlichen Züge unseres Schicksals aufdecken und uns abkehren von allem Unwesentlichen, das uns heute noch belastet.

Wohin geht der Weg? Welches Gepäck brauchen wir auf unserem Marsch? Was ist unser Ziel?

Die erste Aufgabe des Nationalismus ist es, Klarheit über das politisch Wesentliche zu schaffen. Wir müssen aus den Kräften schöpfen, von denen wir unbewußt getragen werden, und uns jedem fremden Einflusse entziehen. Schon hier wird uns, die wir Militaristen, Imperialisten und Anhänger einer nationalistischen Diktatur sind, klar, daß wir uns in einer unerbittlichen Kampfstellung zu dem gesamten politischen Ausdruck der Zeit befinden.

Der Nationalismus darf heute ebensowenig monarchisch wie republikanisch sein, er darf weder reaktionär noch liberal sein. Er muß nationalistisch sein in der ganzen Bedeutung dieser Bezeichnung, die immer mehr den Willen nach einem neuen, eigentümlichen Staate verkörpert. Die nationalistische Bewegung hat andere Aufgaben als die Einsetzung einer Schar von entthronten Fürsten oder die Verteidigung einer ideologischen Verfassung. Ihre Aufgabe ist es zunächst, das System des Liberalismus, das herrschend ist, in seinem ganzen Umfange zu vernichten und den mechanischen Staat durch einen organischen Staat wieder zu ersetzen, d.h. an die Stelle abstrakter Majoritäten den Absolutismus der nationalistischen Persönlichkeit zu setzen.

Dies ist die Aufgabe, vor die wir gestellt sind. Die Parteikonstellation, die der Nationalismus bei diesem Kampfe vorfindet, ist eine sehr künstliche und komplizierte. Eine Bewegung, die auf Sprengung dieses Mechanismus hinarbeitet und aus einem ihm diametralen Lebensgefühl den Staat und seinen organischen Gehalt zur Herrschaft bringen will, stößt auf ungeheure Schwierigkeiten. Sie trifft unmittelbar auf den umfangreichen, liberalistischen Komplex, in dem zum mindesten formal alle politischen Äußerungen von heute gebunden sind. In ihm lebt keine kämpferische Kraft mehr. Sein gewaltmäßiger Wille ist gering, das Aktive überall geschwächt. Der außenpolitische Druck, der seit Versailles die Originalität des politischen Denkens immer wieder in erzwungene Formen preßt, festigt diese Herrschaft, deren Macht nur von einem einsichtslosen Gegner unterschätzt werden kann. Ihr ganzes, sehr schwebendes Gefüge ersetzt durch die Geschmeidigkeit eines sehr flüssigen Geistes den Mangel an Substanz. Der Faktor der Beharrung, den man in Deutschland nie hoch genug bewerten kann, steht ihr zur Verfügung. Hier lebt wenig Wärme, wenig Fruchtbarkeit, im Ganzen wenig Blut. Aber Institutionen sind sehr wohl befähigt, Kämpfe zu überstehen. Ihre Stärke liegt in der Verteidigung. Sie geben ohne weiteres nach, aber sie schnellen elastisch wieder zurück.

An einen ernsthaften Kampf gegen einen solchen Gegner war lange nicht zu denken. Erst der Novemberumsturz hat, so wunderbar es heute noch klingen mag, diesen Kampf aussichtsreich gemacht. Der Umsturz hat die erste große Bresche in den Liberalismus gelegt. Dies war der unbeabsichtigte Erfolg der Arbeiterbewegung, der es gelang, den Begriff des bürgerlichen Staates zu sprengen. Das Entscheidende dieser Erscheinung war, daß die immer mühsamer festgehaltene Schichtung der Bevölkerung in Bürger und Arbeiter, die ein nicht mehr vorhandenes Wertverhältnis zugunsten des sehr ausgehöhlten Bürgertums setzte, zerschlagen wurde. Die Starre löste sich chaotisch. Der ganze Schmutz und die Verrottung der nominellen Revolution brauste auf. Und eine sehr seltsame, unerwartete Folge trat ein. Der Nationalismus tauchte jäh aus dem Strudel auf, frei geworden, härter und machtbewußter. Und er brachte Ideen eines neuen autoritativen Staates, der Blutgemeinschaft, der nationalistischen Diktatur, des Kampfbundes und der sozialen Gemeinschaft mit sich. Alle diese Gedanken besaßen Wirklichkeit, und mehr, sie besaßen und besitzen Zukunft.

Die nationalistische Bewegung muß sich dieser neuen Waffen gegen die Gesinnung und die Formen des heutigen Staates bedienen. Sie hat sich endlich unbedingt klar zu machen, daß das System der gegenwärtigen, politischen Parteibildung nicht durch politische Parteien zerstört werden kann. Der Nationalismus darf seine Kampfkraft nicht liberalistisch entwickeln. Er muß die Überwindung des Partei- und Klassenstaates schon damit manifestieren, daß er sich von jeder Parteibildung fernhält und jede Betätigung in den Parlamenten aufgibt. Diese liberalistischen Formen müssen gleichsam ausgehungert werden. Ihre Sterilität und Unzulänglichkeit hat nach dem Novemberumsturz notwendig zur Bildung neuer Organisationen geführt, deren Bedeutung für die Zukunft unabsehbar ist.

Dies sind die Kampfbünde. Sie sind, wenn sie durch geeignete Maßnahmen befähigt werden, imstande, eine Änderung im nationalistischen Sinne herbeizuführen und den Liberalismus, der zu einer Machtentfaltung Deutschlands weder fähig noch willig ist, wegzufegen.

Indessen ist die Ausgestaltung der schon vorhandenen Verbände dieser Art heute noch unvollkommen. Dies wird ersichtlich, wenn man ihre große Anhängerschaft mit dem geringen Maß an Kampfkraft vergleicht, das sie entwickelt. Das Mißverhältnis wird schmerzhaft deutlich. Hier muß zunächst eine Wandlung geschaffen werden. Die ganze Energie des Nationalismus muß sich darauf konzentrieren, die Kampfbünde zu Machtinstrumenten heranzubilden und ihre Kampfkraft aufs höchste zu steigern. Hierzu müssen sie sich den Prinzipien unterordnen, die der Geist des modernen Nationalismus in allen Ländern Europas gesetzmäßig aufweist und deren grundsätzlicher Gehalt hier angeführt werden soll, soweit er für einen deutschen Nationalismus Bedeutung haben kann. Folgende Forderungen müssen erhoben werden:

1) Vollkommene Abkehr von den politischen Formen und den politischen Gesinnungen des Liberalismus. Abschnürung der Kampfbünde gegenüber dem liberalistischen Staate.

2) Aufbau der Kampfbünde auf der dreifachen Verpflichtung der Vaterlandsliebe, der Kameradschaft und des Gehorsams. Unbedingte Anerkennung und Verehrung der Persönlichkeit.

3) Politisierung der Kampfbünde. Revolutionäre Entflammung, geistige Militarisierung, blutmäßige Bindung.

4) Rücksichtslose Niederreißung aller Schranken des Klassenbewußtseins, aller intellektuellen und materiellen Überheblichkeit.

5) Ausbreitung der Kampfbünde in allen Schichten des Volkes. Energische Propaganda in den Staats- und Privatbetrieben. Volle Unterstützung der berechtigen Ansprüche der Arbeiterschaft.

6) Erweiterung der Basis der Kampfbünde. Einheitlicher Zusammenschluß in einem Zentralführerrate mit dem Zwecke der Verschmelzung aller Kampfbünde zu einem einzigen, Deutschland umfassenden Verbande.

Dies sind in großen Zügen die Richtlinien, innerhalb deren ein Vorgehen der Kampfbünde notwendig ist. Sie müssen den nationalistischen Willen verkörpern, der nicht mehr gewillt ist, mit halben Mitteln zu arbeiten. Die Aufgabe des Nationalismus kann es nicht sein, eine mehr oder weniger bescheidene Opposition zu treiben.

Es wird nichts gebessert, wenn er sich den alten Methoden und Praktiken gehorsam bewegt. Ein solches Verhalten zeigt geistige Inferiorität und verrät Unkenntnis der großen Zukunftsaufgaben. Alle Arbeit, die nicht für das große, mächtige Deutschland der Zukunft, ein Deutschland mit dem unbeugsamen Willen zu höchster Machtentfaltung, geleistet wird, ist überflüssig. Wir aber wissen, daß ein solches Deutschland nur ein nationalistisches Deutschland sein kann. Ihm allein sollen alle unsere Anstrengungen dienen.

KAMPF!
(1926)

Der Zerfall der demokratischen Idee erstreckt sich auf die Gesamtheit der demokratischen Organisationen und ist heute überall bemerkbar. Er äußert sich in wachsender Auflösung, in jener treibenden Anarchie, welche die Tochter des Liberalismus ist. Das demokratische Zeitalter neigt sich seinem Ende zu. Nichts bestätigt diese Tatsache so sehr wie die geistige Haltung derjenigen, die es mit Mäßigung oder radikalem Pathos vertreten. Ein unglaubliches Desaster bereitet sich innerhalb der Creme der Republik vor. Die Fäulnis greift mit Heftigkeit um sich; sie dringt aus dem Heiligtum und erfüllt die Öffentlichkeit immer von neuem mit dem Dunst der Korruption, der stets über verfallenden Zuständen wittert. Ohne ein Prophet zu sein, kann man bei einem Beharren der jetzigen politischen Formen mit Gewißheit voraussagen, daß neue, unglaubliche Korruptionsskandale den Rest jenes Zutrauens vernichten werden, den die Unbelehrbaren sich bislang bewahrt haben.

Diese Erscheinung ist notwendig, denn der Zerfall der demokratischen Idee äußert sich nicht allein abstrakt, sondern auch durch die Persönlichkeiten, welche sie vertreten. Jene Gedanken, die 1789 mit Feuer und revolutionärem Stolz verkündet wurden, die das Jahr 1848 in Deutschland noch mit Herzlichkeit und Bürgerpathos, wenn auch phrasenhaft bieder, erfüllt hatten, sind heute nichts mehr als Deckmäntel der Korruption, der schönen Lüge und des rasch wachsenden Schmutzes. Die Präambel der Reichsverfassung, die von Einigkeit, Freiheit, Gerechtigkeit, Erneuerung. Festigung, Frieden und Fortschritt spricht, bildet eine Essenz jener Phrasen, die 1918 wie ein Strom das Reich überschwemmten. Wer lacht heute noch nicht bei solchem Theaterdonner? Wer glaubt auch nur an eines der großen Worte, die hier katalogisiert sind? Wo ist Einigkeit? Wo ist Frieden und Fortschritt? Wo ist Freiheit und Gerechtigkeit? Wo ist Erneuerung und Festigung? Kinder glauben ihren Ammen nicht mehr, was hier erzählt wird. Wo ist im Gegensatz zu diesen schönen Worten mehr Zerrissenheit, Zügellosigkeit, Verfall, Auflösung als in Deutschland? Wo ist denn in diesem ganzen Novemberstaate auch nur eine Persönlichkeit, deren sittliche Wucht unbedingt überzeugend wäre? Allerdings wird sie präsidiert von einem Manne, dem wir die tiefste und herzlichste Ehrfurcht nicht versagen können, dem letzten großen preußisch-protestantischen Charakter, einem Charakter aus härtestem und lauterstem Erz, der sich würdig an die großen Erscheinungen Yorck, Blücher, Moltke, Bismarck, Kaiser

Wilhelm I. anschließt. Was aber hat dieser große Preuße mit der Republik zu schaffen, deren geistige Elite sich nicht entblödet, ihn an der Schärfe ihres wurzellosen Intellektualismus zu messen und die schweren, fruchtbaren Bindungen, welche die Monumentalität seiner Persönlichkeit bewirken, mit den niedrigsten Scherzen herunterzureißen. Wohl! Diese Kreaturen sind nicht imstande, die Frömmigkeit, Lehnstreue, Naivität und Vornehmheit dieses großen Mannes, den sittlichen Ernst und das Gefühl der Verantwortung, deren Last er voll trägt und deren Wucht durch seine mächtige Persönlichkeit symbolisiert wird, zu würdigen. Wir sind nicht konservativ, wir sind keine Monarchisten. Wir billigen nicht den Schritt Hindenburgs, welcher der Republik ein (mit ihm verschwindendes) persönliches Format verleiht, aber wir müssen die Gesinnung billigen, die ihn diesen Schritt tun ließ. Er hat unsere Aufgaben erschwert; wir sehen uns gezwungen, seine politische Haltung zu bekämpfen, aber wir werden in diesem Kampfe immer die Distanz wahren, welche dem Sieger von Tannenberg gebührt. Er verkörpert Deutschland, nicht aber die Novemberrepublik, die immer unaufhaltsamer sich in den wüsten Trümmerhaufen verwandelt, der dem inneren Zustand ihrer Vertreter entspricht. Hier ist nichts als ein Streit, der trübe die Oberfläche der Gegenwart erregt und nirgends mehr in die Tiefe zu dringen vermag. Es ist ein allgemeines zerrüttendes und geschäftiges Treiben, zwecklos und verächtlich und nicht ohne Widerwillen zu betrachten.

Immer mehr dringt aus den Negativen dieses Wirrwarrs, der das Chaotische nicht mehr zu bändigen vermag, der erlösende Schrei nach einer Einigung, nach einem innigen, bluthaften Zusammenschluß, der tief unter der Kruste liberalistischer Phrasen sich in einer neuen Wärme festigt. Nicht nach einer Koalition, nicht nach einem Kompromiß! Wir haben zuviel Kompromisse, zuviel Unreinlichkeit gesehen, als daß uns eine Versöhnung locken könnte. Was wir brauchen, ist die kämpferische Gesinnung eines soldatisch-brüderlichen Verbandes, der mit der Phrase von 1918 aufräumt und den Willen zur Ohnmacht, den der Novemberstaat verkörpert, durch Betätigung äußerster Energie beseitigt. Jene Bewegung, die der November des Jahres 1918 in Lauf gesetzt hat, ist noch nicht beendet. Sie hat weder ein Ziel noch eine Sühne gefunden. Wohlan denn! Vollenden wir sie in einem anderen Sinne! Proklamieren wir die nationalistische Revolution der Tat und halten wir an dem Gedanken der Abrechnung, der gerechten Vergeltung fest! Entfaltet die Kampfbünde! Organisiert sie, diszipliniert sie! Gestaltet sie immer zentraler und persönlicher, macht sie zu Führerbewegungen größten Stils! In der Hand von Persönlichkeiten werden sie zum blitzenden Schwerte des

Nationalismus werden, Träger seines revolutionären Gedankens und Gestalter einer reineren, härteren Zukunft, Gestalter jenes geharnischten und gerüsteten Deutschlands, das den Willen zur Macht entschlossen in sich verkörpert. Unser Wille, unser Ziel ist die unbedingte und unerbittliche Entfaltung Deutschlands. Wir sind entschlossen, dieses Ziel um jeden Preis zu erkämpfen und die härtesten und mitleidslosesten Mittel anzuwenden, wenn es erforderlich ist.

Der Nationalismus, einig in seinem Willen, das Vaterland als die mächtigste Schicksalsgemeinschaft zu lieben und zu verehren, sich ihm mit Gut und Blut zu überliefern und ihm die Machtmittel zu verschaffen, die es braucht, sieht sich gezwungen, alle Hindernisse, die sich diesem Ziele entgegenstellen, durch entschlossenen Kampf aus dem Wege zu räumen.

STAAT UND PERSÖNLICHKEIT
(1926)

Der Staat muß mit der Persönlichkeit identifiziert werden, wenn er zur Lösung neuer Aufgaben befähigt werden soll. Seine Machtmittel müssen der Persönlichkeit übereignet, die Ziellosigkeit und Unfähigkeit der Majoritäten durch einen einheitlichen Führerwillen ersetzt werden. Die großen Ziele der Erneuerung und Erweiterung der deutschen Machtstellung, der Sammlung des Deutschtums in einem größeren Staate und der wie das Leben notwendigen kolonialen Ausbreitung erfordern dies gebieterisch. Von der Stärke unseres imperialistischen Willens hängt unsere Zukunft ab. Diese Erkenntnis scheidet den Nationalismus vom herrschenden System, dessen geistige Haltung bezeugt, wie tief ihm die imperialistische Idee verhaßt ist. Das Deutschland, in dem wir leben, ist der unmöglichste Staat, den es gibt. Qualvoll übervölkert, von dem nationalen Willen der Grenzstaaten eifernd zusammengepreßt, gleicht es einer Dampfmaschine, die mit geschlossenen Ventilen arbeitet und einen Druck erzeugt, der zu furchtbaren Explosionen führen muß. Diese unaufhörlich wachsende Spannung erscheint unlösbar, wenn man die Methoden betrachtet, die zu ihrer Lösung angewandt werden. Die innere Siedlung, die in den letzten Jahren heftig propagiert wurde, ist eine so bescheidene und aussichtslose Angelegenheit, daß es sich nicht lohnt, über sie ein Wort zu verlieren. Man kann den gewaltigen Drang eines Volkes nach Raum nicht durch die Anlage von Schrebergärten stillen. Und wir brauchen Raum, Raum und nochmals Raum, um uns zu entfalten und aus der mörderischen Verstrickung zu befreien, in der wir heute leben.

Hier gibt es notwendig nur zwei Wege, den friedlichen und den bewaffneten, das heißt, wenn man über den ersten heute noch disputieren will. Jeder Versuch einer internationalen Vereinbarung wird an der überlegenen Stärke des nationalen Willens scheitern. Er wird keinen Zuwachs an Land herbeiführen und ein Hinausgreifen über die Grenzen nicht ermöglichen. Es bleibt nur der Verzicht auf Ausdehnung oder der Kampf. Aber der Verzicht, das ethische Chinesentum, das die Demokratie predigt und das die Folge eines kastrierten Machtwillens ist, muß zur völkischen Vernichtung führen. Mag dies das erwünschte Ziel aller Europäer sein, die den besonderen Bestand einem allgemeinen opfern wollen, wir wollen nicht, daß Deutschland eine europäische Provinz mit Selbstverwaltung wird. Wir sind die Vertreter des Machtstaates und deshalb Anhänger der bewaffneten Lösung. Inmitten einer Schar von Staaten, die bis an die Zähne bewaffnet und mehr als je bereit sind, ihre Souveränität durch Kampf zu erweisen, ist ein Deutschland, das Verzicht leistet, eine Unmöglichkeit. Deshalb müssen wir eine Korrektur der Machtmittel bewirken und Deutschland befähigen, den Kampf, der mit der Sicherheit mathematischer Formeln herannaht, zu überstehen. Diese Rüstung setzt eine innere Rüstung voraus, die eine neue Generation machtgläubiger Menschen, den Willen zum Opfer, gesteigerte Vaterlandsliebe und bedeutende Persönlichkeiten erfordert. Die Passivität, die die Demokratie angesichts des drohenden Sturmes zeigt, zwingt den Nationalismus zum schonungslosen Kampf und zur Entwicklung eines geschlossenen, blutmäßigen Machtstaates, dessen wesentlicher Gehalt Ausdruck findet in der Forderung: Das Vaterland muß in das Zentrum der Persönlichkeit, die Persönlichkeit in das Zentrum des Vaterlandes von neuem eingefügt werden. Diese Forderung ist der bedeutsame Inhalt des nationalistischen Willens, sie ist das Kernstück der neuen Bewegung. Denn die Worte „Vaterland" und „Persönlichkeit" sind es, die in uns jene Erschütterung hervorgerufen haben, welche uns zum Vorgehen gegen die herrschenden Formen des Staates zwingt. Immer aufs neue muß die Wandlung hervorgehoben werden, welche, durch Krieg und Umsturz mächtig gefördert, in uns sich vollzogen hat und unser politisches Bewußtsein entscheidend gestaltet. Wir erfassen das Trümmerhafte des politischen Zustandes, das Chaotische und Massenhafte, das in der Demokratie die Persönlichkeit überwältigt und zum Funktionär sinnloser Majoritäten entwürdigt hat. Aus dieser Erkenntnis strömt die wilde Erbitterung des Einzelnen in die Zeit aus, als eine der Quellen des Nationalismus. Der Drang nach persönlichster Gestaltung, nach einem von der Persönlichkeit beherrschten Staat verbindet sich mit dem neuen Glauben an die universale Macht der Nation. Der Wille zum Staat, der dieser Bewegung entwächst, unterscheidet sich auf das Schärfste von allen Bemühungen des Liberalismus. Ihm gegenüber kann es nur Unversöhnlichkeit und den harten Willen zur Vernichtung geben. Denn alles, was wir bejahen, was unserem Dasein notwendig und fruchtbar ist, wird dort geleugnet, durch Ironie zersetzt und durch Zweifel beschmutzt. Der Liberalismus hat eine furchtbare Anarchie beschworen, die alles Organische aus den Wurzeln riß. Indem er die Wertskala der Persönlichkeit zerstörte und das Vaterland zu einem geographischen Begriff abstrahierte, hat er den tierischen Kampf aller gegen alle entfesselt, eine Materialschlacht des bürgerlichen Lebens, wie sie kälter und scheußlicher keine Phantasie erdenken könnte. Es gibt keinen Zweifel mehr, daß hier etwas an seinem Ende angelangt ist. Unaufhaltsam greift die Zersetzung um sich. Der strukturierende Liberalismus schleudert die Massen aus dem zentralen Zusammenhalt, zerbricht die Verschalung des Gemeinschaftslebens und hinterläßt nichts als Haufen menschlichen Schuttes, die nur durch die Schwerkraft materieller Äußerungen hin- und hergetrieben werden. Eine politische Bindung dieser unkristallinischen Massen durch das herrschende System, das Ausdruck der Auflösung und Anarchie ist, ist undenkbar. Die Auflösung muß durch neue Dogmen gebändigt und vernichtet werden. Die großen Idole des Vaterlandes und der Persönlichkeit müssen in das Chaos eingepflanzt werden. Hierin ruht die schwere Aufgabe des nationalistischen Menschen, einen reinen Kern zu bilden, von dem die Kraft zu neuer politischer Bildung ausgeht. Wenden wir dieser Aufgabe alle Kraft zu! Es gibt keine größere, keine dankbarere. Jedes große Volk drückt eine große Idee aus. Unser Wille ist es, die Idee Deutschland aufs neue zu rüsten und sie mit dem Schwerte zu bewaffnen, das allein die Sicherheit der Zukunft verbürgt.

Dreikanter
(1928)

Immer entschiedener zu ergreifen, daß es auf das Leben ankommt und nicht auf die Begriffe, die sich N. N. davon gebildet hat. Man muß dies im Worte, in der Sprache wieder zum Ausdruck bringen. Das Politische, das Poetische muß als ein durchaus Lebendiges erfaßt werden.

Sich an Formen und nicht an Gedanken über Formen erproben, daß heißt eine höhere Einsicht in das Wirkliche erlangen.

Die Begriffe sind nicht über, sondern im Leben. „Der lebendige Gott", das ist die höchste Form und Formel unserer Verehrung. Gott als ein geistiges Prinzip ist ihr untergeordnet. Das Lebendige als die höchste, einheitlichste Erscheinung; es ist nichts daraus fort, nichts hinzuzudenken.

Unsere Gedanken über die Ordnung der Welt sind nicht die Ordnung der Welt. Aber wir sind mit Haut und Haaren und dem letzten Gedanken in der Ordnung der Welt, ein argumentum ad hominem und ad rem für alle Dummköpfe, auf das sich wenig erwidern läßt.

Der Mangel an Fülle, die Armut überhaupt. Die Zeit ist so reich an Gesittung, wie sie arm an Elementen ist.

Form und Inhalt sind immer identisch.

Ueber die Provinzialität des Geschmackes an Spezialismen. Die Lust am Technischen, der Sport, die „freie Liebe". Der Sport gehört zu den mannigfachen Erscheinungen des Infantilismus, die mit einer Verkümmerung der Geschlechtsteile verbunden sind.

Man sollte damit aufhören, die Todesstrafe als ein moralisch-dialektisches Problem zu erörtern. Unsere Verantwortung ist nicht moralisch, sondern kosmisch-elementarisch zu fassen. Die Todesstrafe ablehnen, das heißt das Leben um eine Möglichkeit seiner Verantwortung betrügen. Betrügt man nicht auch den Verbrecher um die Möglichkeit seiner Versöhnung mit Gott? Er will nicht entschuldigt sein, es verstößt gegen seine Würde. Welch ein Bild ist dies, wenn der Mörder vergeblich um seine Exekution bettelt.

Die Diskussion über die Todesstrafe sollte man nicht den Aestheten überlassen. Man weiß doch, daß sie mit Blumendüften und Herzschlägen töten möchten.

Die Erfindung der Guillotine verleiht der französischen Revolution ein erstaunliches Relief. Man muß sich damit abfinden, daß es keine Form bürgerlicher Freiheit gibt, welche ohne sie denkbar wäre. Sie verdankt ihre Existenz einem Akte der Humanität. Wer schnell und schmerzlos tötet, kann viel töten. Entschiedener Fortschritt, den Fouquier Tinoille vorzüglich begriff.

Man mag einwenden, was man will; es läßt sich nicht leugnen, daß die Mittel der Vernichtung mit dem Wachstum der Bevölkerung in Einklang gebracht werden müssen. Das Aufkommen des Bürgertums, des Proletariats, bedingt die Erfindung geeigneter Vernichtungsmaschinen.

Dem Expansionsdrang des skythischen Elements war nur das Maschinengewehr gewachsen. Dank seiner Hilfe ist die russische Dampfwalze durchsiebt und durchlöchert worden. Dies gehört zur Weisheit des Lebens, daß es die Notwendigkeit gesteigerter Vernichtung erfaßt.

Endlich: wäre es nicht ein furchtbarer Gedanke, die Demokraten mit Knüppeln totschlagen zu müssen? Wohin sollten so fruchtlose Anstrengungen führen. Die wachsende Oekonomie des modernen Lebens verlangt Präzisionsinstrumente der Vernichtung.

So erscheint es denn notwendig, den Gaskrieg zu studieren und zur Entfaltung zu bringen. Der Geschmack der Zeit wünscht von der Humanität der Gase eine Ueberzeugung zu gewinnen. Ein verdorbener Geschmack – aber die Spezialisten tuen ihr Möglichstes.

Dem unbekannten Bekannten: Ueberall, wo intensiv gelebt wird, weiß man um die absolute Tödlichkeit dieses Lebens. Man will sie, man wünscht sie, man liebt sie. Zarte, silberne Leidenschaft, goldene Windsbraut der überschüssigen Gewalten.

Die Pazifisten möchten den Krieg abschaffen; sie behaupten, daß in ihm sehr gelitten wird. Die Listigen! Sie möchten den Schmerz abschaffen. Man sollte nicht versuchen, den Schmerz abzuschaffen. Die Fähigkeit zu ihm hat etwas Sublimes. Das wachsende Bedürfnis nach Anästhesie enthüllt die geminderte Kraft des Lebens.

Begrüßt die Schmerzen, salutiert den Leiden! Scheut die blutigen Geburtswehen nicht, aus denen jedes junge Leben hervortritt!

Humanität ist der besondere Ausdruck für die Verarmung des Lebens, für seine Lieblosigkeit. Niemand ist liebloser als der Gerechte.

Alles, was Fülle und Fruchtbarkeit besitzt, ist inhuman von Grund auf. Die Liebe ist das Inhumanste, was sich denken läßt. Indessen muß man sich entscheiden.

Widerstände schaffen. Zuviel Licht, Feuchte und Wärme machen das Holz leicht und faserig. Eine Begabung leidet, wenn sie zu sehr gefördert wird. Sie bedarf des Zwanges, der Verständnislosigkeit. Um das kostbare Harz gewisser

Bäume zu gewinnen, muß man sie verwunden.

Das öffentliche Leben darf der Willkür nie entbehren. Nicht zu gerecht sein, denn dies ist der Wunsch aller Krämer. Endlich: das Leben kann nie hart genug sein. Heute gibt es nur ein Gewicht gegen die Maßlosigkeiten jeder Art: die vollkommene Tyrannei.

Die Harmonie des Unendlichen noch in den unreinsten Dissonanzen hören. Hören wie der große Krystallkreis schwingt und zu singen beginnt.

Gesetzt, die Zeit wäre ein Weib und wir hätten keine gute Lust mehr an ihm, sollen wir Vergnügen heucheln und den verborgenen Schrei der Wollust, den der lügenhafte Liebhaber überall dort anbringt, wo es ihm an männlicher Fähigkeit ermangelt? Man braucht nicht Anarchist zu sein, um sich anarchistischer Mittel zu bedienen. Doch mangelt es an Einsicht in die Güte und Fruchtbarkeit der zerstörenden Mittel.

Es genügt nicht, Ideen zu treffen, die Spermen der Gehirne, den Kettengang der Vorstellungen. Ein jeder Hieb muß ins volle Fleisch gehen. Die Verantwortung muß personifiziert werden; dies erst macht sie gewichtig. Man muß die Charlatane dem Schwert und der Kugel überliefern.

Ein Geschlecht in Städten wohnend. „Wir haben die alten Elemente besiegt". Aber träumen wir nicht unsere leisen Träume? Besucht uns nicht in den Nächten das älteste Symbol der Kraft, die Gestalt des schwarzmähnigen, brüllenden Löwen? Und schießen wir nicht auf ihn? Aber das Gewehr, das lächerliche Traumgewehr versagt.

Die Lyrik, die mit den infantilen Klagen der Komplizierten angefüllt ist, hat aus den Frauen eine Art Dampfmaschine des Gefühls gemacht. Unsere Großstädte sind voller Robinsons mit insularer Empfindsamkeit, aber ihre Empfindungen sind zu unrein und schwach, als daß sie ohne Ironie bestehen könnten.

Man sollte die Frauen unbefangener betrachten. Man sollte sie naiver, zynischer und reiner auffassen.

Das Wesentliche jeder Vollkommenheit ist die Fruchtbarkeit.

Eine vollkommene Frau ist die, die Freude am Empfangen hat, fruchtbar ist, schöne Kinder gebiert und Brüste voll guter Milch hat. Je weniger schöne Gefühle man dem allen hinzulügt, desto besser ist es. Die Haltung des großen Napoleon gegenüber der Frau von Staël ist meine Freude und mein Entzücken. Ich lasse mich zu Luftsprüngen verführen, wenn ich mir eine sehr bekannte Szene ausmale.

Ich wage es zu sagen. Eine vollkommene Frau ist ohne vollkommene Gebärmutter nicht denkbar. Welche Zeit, der man dergleichen sagen muß.

Revolution und Diktatur
(1939)

Der Glaube an die Versöhnbarkeit der Gegensätze entspringt einem beschädigten Instinkt; er ist die Folge eines mangelhaften Reinlichkeitssinns, die Anschauung einer bastardierten Rasse. Wer sich vor den Entscheidungen verkriecht, indem er auf Straßenmanier den Kopf in den Sand steckt, entflieht ihnen nicht; er erliegt ihnen, er wird, wie das Beispiel der deutschen Novemberrepublik lehrt, das Objekt einer höheren Stärke. Wer die Gegensätze achtet, die Konturen bilden, wer einem höheren Begriff der Feindschaft anhängt, der scheut die Konflikte nicht, er hat zuviel Selbstachtung, um jenem Geschlecht synthetischer Kleisterer anzugehören, um es auch nur anzuhören. Reine Lust! Das heißt die Konflikte bis auf die Wurzeln bloß legen. Erkennen wir deshalb den mächtigsten Konflikt, das Vehikel aller politischen Bemühungen – jene Unversöhnbarkeit Deutschlands und des deutschen Menschen gegenüber allen Mächten, die das Grundgesetz seines Lebens nicht anerkennen und die reine Entfaltung aller Kräfte aus ihm zu stören versuchen. Eine Versöhnung mit ihnen ist nicht denkbar, und alle Versuche, die darauf abzielen, sind konstruiert und leer. Völkerbund, Paneuropa, die Internationale – alles das ist nicht deutsche Geschichte sondern ein Versuch, deutsche Geschichte zu verhindern. Seit 1918 leben wir im geschichtsleeren Raum, im Stadium der Verhinderung aller Entscheidung.

Wo immer in Parteien Politik getrieben wird, dort verkennt man die einzigartige Position, in der sich Deutschland heute befindet, seine Weltposition nämlich, gegenüber der alle inneren Gegensätze zweiten und dritten Ranges sind. Diese Gegensätze sind samt und sonders von außen erzwungen. Das Denken in ihnen ist erzwungen, d.h. es reicht nicht an die deutsche Substanz heran, es ist gleichsam Ablenkungsmanöver, eine Finte, die über den wahren Gegner täuscht. Erzwungen ist der Zustand, in dem wir leben; er ist verkünstelt – was bleibt denn von unseren Institutionen, von dieser armseeligsten, imitiertesten aller Demokratien übrig, wenn der äußere Druck fällt, der sie zusammenhält. Kein Republikschutzgesetz ist in der Lage, sie zu konservieren. Ihr Schutz bleibt die Überzeugung des Auslandes, daß Demokratie ein geeignetes Instrument ist, uns niederzuhalten; ihre Stütze sind die Geschütze, Maschinengewehre und Tanks, die dieser Überzeugung Nachdruck leihen. Demokratie ist in Deutschland der Zustand der Unentschlossenheit einer abgerüsteten Nation gegenüber einem oder sieben bis an die Zähne bewaffneten Gegnern. Demokratie ist der Glaube, sich durch eine produktive Ausfuhrbilanz emporzuarbeiten. Demokratie ist für den Deutschen, den die Parteinahme für das Unwesentliche auszeichnet, der insbesondere die Umwege liebt, eines jener Experimente, mit denen er sich beschäftigte, um Einstimmigkeit darüber zu erzielen, daß es gescheitert ist. Jeder Schritt führt von ihm fort; die politische coincidentia oppositorum, die heute sehr wahrnehmbar ist, lehrt es. Die Dinge sind im Flusse. Offen oder geheim – die Nation ist ruckweise in Bewegung. Der Zustand der Lethargie nimmt ab, das Gefühl der Ohnmacht und Erschöpfung, das über ein Jahrzehnt alle Energien lähmte, ist im Schwinden. Wir nähern uns der Sphäre, aus der heraus wieder Entscheidungen möglich werden.

Was macht die deutsche Position so gewichtig? Was macht sie zur Weltposition? Nichts anderes als die Tatsache, daß der deutsche Raum es ist, in dem die Linien der Entscheidung zusammenlaufen, daß der Schwerpunkt aller großen Kämpfe sich immer bedeutsamer ins Reich verlagert. Hier wird die Entscheidung darüber fallen, ob der angloamerikanische Wirtschaftsimperialismus herrschen soll, oder ob Deutschland diese Herrschaft verhindert. Hier entscheidet sich, ob Frankreich und seine Vasallen ihre Organisationen zur Schwächung und Niederhaltung der germanischen Mitte endgültig befestigen, d.h. den Westen Deutschlands latinisieren und romanisieren, den Osten polonisieren und tschechisieren. Hier fällt die Entscheidung über das Schicksal der Minderheiten und nicht nur der deutschen. Hier entscheidet sich auch das Schicksal Rußlands. Vielleicht werden wir allein kämpfen, sicher ist, daß wir nicht allein fallen werden, daß eine neue Niederlage manchen anderen in den Abgrund schleudert.

Deutschland, das im Weltkriege zum erstenmale im Mittelpunkt des großen Ringens stand, verlor den Kampf, weil die Nation nicht im letzten begriffen hatte, worum es für sie ging, was alles auf dem Spiele stand. Man vergaß sich soweit, von der Sinnlosigkeit des Krieges zu reden. Der Krieg war nicht sinnlos; auch irrt die Annahme, daß der Widerstreit der Kräfte, der ihn erzeugte, beseitigt ist. Die Konflikte leben, sie arbeiten ungeschwächt fort, wenn auch die Formen, die sie angenommen haben, die dünne Maske der Friedlichkeit tragen. Was ist der Völkerbund und jenes Europa, mit dessen Papiergirlanden Frankreich seine Bajonette garniert, zu dessen Schutze Afrikaner und Asiaten gemustert wurden, wenn nicht eine Form dieses Konflikts, die Neuauflage der heiligen Allianz gleichsam, diesmal aber gegen das Dasein des deutschen Menschen.

Maß und Umfang der gegen uns herrschenden Feindschaft reden eine deutliche Sprache. Es geht nicht um das Schicksal von Provinzen, es geht um das Gesicht der Erde; und unsere Physiognomie ist es, die man aus ihm auslöschen möchte. Solche Perspektiven leihen allen deutschen Vorgängen ein großes Gewicht. Es gibt auch einen Kampf um den deutschen Körper und der kleinste Grenzbauer weiß von ihm zu sagen.

Mit einem Worte – die deutsche Position ist zugleich eine weltrevolutionäre Position. Die nationalen Entscheidungen, die langsam heranreifen, füllen sich mit weltrevolutionärem Gehalt, sie erhalten den Rang weltrevolutionärer Akte. Das Rufen nach Ruhe und Ordnung jener Proprietäre, die sich kraft ihres Eigentums zu nichts mehr verpflichtet fühlen, die jeden Vorstoß des nationalen Willens unter dem Gesichtspunkte des Hausfriedensbruchs betrachten, kann nicht mehr fruchten. Die Frage, was Ordnung ist, muß aus dem Fundamente neu gestellt werden. Der Zustand, in dem wir leben, ist keine Ordnung sondern Desorganisation unserer Souveränität und eine dauernde Verhöhnung dieser Souveränität. Prosperität ist hier – selbst wenn sie vorhanden und möglich wäre – kein Gesichtspunkt. Deutschland ist kein Exportproblem, kein Ausdruck eines weltwirtschaftlichen Zustandes. Es ist Reich und Lebensgesetz; es will nach eigenem Gesetz leben. Hier wurzelt der Konflikt, dessen Wucht langsam alles in Bann schlägt. Den Prüfstein aller politischen Bemühungen bildet die Kraft und Entschiedenheit, mit der der deutsche Mensch die gefährliche deutsche Position bejaht.

In diesem Zusammenhang sei auf die beiden Ereignisse hingewiesen, die, nahezu gleichzeitig, ein scharfes Licht auf die deutsche Lage werfen: der Erfolg der Nationalsozialisten bei den Reichstagswahlen und jenes Manifest der kommunistischen Partei, durch das der Kampf um die nationale Befreiung in das kommunistische Programm aufgenommen wurde. Der Prozeß der Revolutionierung des deutschen Menschen findet hier einen doppelten Ausdruck in zwei Massenbewegungen, die gleich einer Zange auf die Mitte einwirken und der innerpolitischen Auseinandersetzung ein neues Gesicht verleihen.

Vom Standpunkt jener waschechten Demokraten aus, die nicht verstehen wollen, daß das Volk sich auch gegen die Demokratie entscheiden kann, mag ein solcher Vorgang bedauerlich sein – erfreulich ist er für jeden, der ihn als Merkzeichen einer im Fluß befindlichen revolutionären Bewegung zu würdigen weiß. Er ist nicht nur erfreulich, er ist zwangsläufig. Er erhellt aber, daß ungeachtet jener bescheidenen Kesselflicker, die dem Krebs der Zeit mit Wahlreform zu Leibe rücken wollen, die gesamte politische Maschinerie mit ihren Parlamenten, Mehrheiten, Koalitionen sich auf die simpelste Weise, nämlich durch sich selbst, ad absurdum führt, durch ein Harakiri, an das jene Konstrukteure der Augustverfassung auch in ihren schwächsten Stunden nicht dachten. Durch keinen Gewaltakt konnte die absolute Beziehungslosigkeit des Novemberstaates und seiner Institutionen zum Schicksal des deutschen Menschen einleuchtender erhärtet werden als durch dieses Nichtmehr-Funktionieren der Maschinerie, die, nicht ohne Anteilnahme jüdischer Gehirne, nach schweizerisch-französisch-englisch-amerikanischem Muster so wissenschaftlich gründlich wie instinktlos ausgeklügelt wurde. Sie ist verrostet – technisch gesprochen, es findet sich keine regierungsfähige Mehrheit mehr. Die politische Auseinandersetzung zieht sich aus den Parlamenten fort. Wo aber tritt der Konflikt zu Tage? Dort, wo er erscheinen mußte, im Gegensatze des Staates und seines Repräsentanten, der Regierung, auf der einen, des Parlamentes auf der anderen Seite. Mit vollen Segeln treibt Deutschland auf den Staatsstreich zu. Der Artikel 48 bietet seine wirksame Hilfe an.

Es ist zweifelhaft, ob der gegenwärtige Reichstag der letzte Reichstag der Novemberrepublik ist, zweifelhaft auch, ob nicht das gymnastische Kunststück einer parlamentarischen Koalition noch einmal gelingt, zweifelhaft, ob nicht noch einmal die Mathematik der Wahlen zu Hilfe genommen wird. Morgen wird das alles nicht mehr zweifelhaft sein. Deutschland ist reif geworden für die Diktatur, für die mehr oder weniger gewaltsame Lösung aller jener Probleme, die mit den Hilfsmitteln eines veralteten Systems sich nicht mehr behandeln lassen.

Eine Etappe des Kampfes endet, eine neue beginnt. Die neue Regierung wird an der rechtlichen und faktischen Anerkennung der deutschen Tributpflicht nicht rütteln. Sie wird die ungeheuren nationalrevolutionären Energien, die in Deutschland schlummern, nicht aufrufen und ihre vornehmste Aufgabe nicht darin erblicken, Organisatorin des Befreiungskampfes zu sein. Darin aber ist ausgesprochen, daß sie nur provisorischen Charakter haben kann.

DER MOHN
(1934)

1.

Scharlachfarbener Mohn, ich sehe dich gern auf den Gräbern,
Wo du den schlafenden Ruhm alternder Grüfte bewachst.
Leicht entfällt dir das Blatt, es fällt auf den rundlichen Hügel,
Den der Edle bewohnt, kränzt den verwitternden Stein.
Und so nahm ich oftmals den Samen der dorrenden Kapsel,
Senkte mit dankbarer Hand still in die Erde ihn ein.
Zartestes Grün entsproß. Verwundet entquoll ihm der weiße
Saft, der die Träume uns bringt, Schlaf, der Gespiele des Tods.
Bitter duftet der Trank, hoch heilsam stillt er die Schmerzen,
Lindert des Fiebers Glut, stechender Wunden Gewalt.
Schläfer, euch weih' ich des Schlafes starke, geheiligte Pflanze,
Eure Betten umgrünt Morpheus gefiederter Sproß.

2.

Mohnsaft, du stillst uns den Schmerz. Wer lehrt uns das Nied're
                                        [vergessen?
Schärfer als Feuer und Stahl kränkt uns das Niedere doch.
Wirft es zur Herrschaft sich auf, befiehlt es, so fliehen die Musen.
Ach, die Lieblichen sind schnell in die Ferne entfoh'n.
Klio, als sie die Grenzen erreichte, wandte zurück sich,
Abschied nahm sie, sie sprach scheidend ein treffendes Wort:
„Toren heilt man mit Schlägen und Spott, bald kehr' ich mit Geißeln,
Die ein Richter euch flocht, kehre mit Peitschen zurück.
Oft schon herrschten Tribunen, es floh in die lieblose Fremde
Finster Coriolan, fort ging der edlere Mann.
Prahlend blieb der Schwätzer zurück, umjauchzt von der Menge,
Histrionengeschmeiß spreizt sich auf hohem Kothurn."

3.

Der beschwatzt den Ruhm, der Taten Vermächtnis, er schafft sich,
Da er vom Golde spricht, reichliche Münze im Nu.
Löblich scheint sich der Lobende selbst, er ahmet die Stimme,
Die den Löwen verrät, künstlich und täuschend dir nach.
Prächtig malt er mit Erz. Wenn Farbe wäre das Eisen,
Glich' er dem Drachen aus Stahl, Feuer verspeiet der Mund.
Jede Rede ist Schlacht! „Auf!" ruft er, „täglich zur Schlacht denn,
Bis in dem flutenden Wort alles, was Feind ist, ertränkt!"
Nieder sinken chimärische Heere. So rufet Triumph denn!
Feiert chimärischen Sieg, sprengt mit Kartaunen die Luft.
„Nimmer duld' ich Gelassene. Schweigsame ähneln Verrätern,
Immer triefe die Stirn, rinne vom Beifall der Schweiß."

4.

Selbstlob flicht die gewaltigsten Kränze. Die ältesten Eichen
Stehen entlaubt schon und kahl, jeglicher Lorbeer ward Kranz.
Kärglich wächst er im Norden, drum fehlt den Brühen und Suppen
Schon das würzige Blatt, ungern vermiss' ich es hier.
Sendet in Haine Italiens hinab den geschäftigen Krämer,
Plündert des Südens Flur, bringt auch Zitronen herauf.
Stattlich geschmückt mit Zitrone und Lorbeer lieb ich den Schweinskopf,
Sülzen und Würsten zum Heil schuf uns den Lorbeer der Süd.

5.

Widrig ist mir der Redner Geschlecht. Kalekutische Hähne
Höre ich kollern am Markt, höre sie scharren am Platz.
Gaukler treiben mit Worten ihr Wesen, Lügner sie deuteln,
Retter, sie retten den Trug, Ärzte, sie scheuen den Tod.
Wollt ihr betrügen das Volk, so schmeichelt ihm schamlos und lobt es,
Dient ihm mit Worten zuerst, eh' ihr es redend beherrscht.
Hört, es schmeicheln Tribunen dem Volk, es jubeln Betrog'ne
Laut den Betrügern zu, die sie mit Netzen umgarnt.
Volk, wo sind deine Toten? Sie schweigen. Es hört, wer in Schlachten
Redlich sank in den Tod, tönend Worten nicht zu.
„Soviel Opfer des edlen Blutes umsonst? Vergebens

Fiel der bessere Mann? Wär' ich gefallen doch auch."
So vernahm ich des Redlichen Seufzer, doch achtete niemand
Auf den denkenden Mann, lauter noch lärmten sie fort.
Feste seh' ich und Feiern, ich höre Märsche, Gesänge,
Bunt ist von Fahnen die Stadt, immengleich summet der Schwarm.
Lauter als der Cherusker, der Romas stolze Legionen
Weihte der Nacht und dem Tod, stimmen den Siegruf sie an.
Habt ihr feindliche Heere geschlagen, die Fürsten gefangen,
Risset ihr Ketten entzwei, die euch der Sieger gestückt?
Nein, sie bejubeln den Sieg, der über Brüder erfochten,
Süßer als Siege sie dünkt, die man in Schlachten erstritt.
Schmerzend hallt in den Ohren der Lärm mir, mich widert der Taumel,
Widert das laute Geschrei, das sich Begeisterung nennt.
Wehe! Begeisterung! Silberner Brunnen der Stille, du klarer,
Du kristallener Born, nennt es Begeisterung nicht.
Tiefer schweigen die Toten, die trauern, sie hören das Lärmen,
Hören das kindische Lied ruhmloser Trunkenheit nicht.

Literaturverzeichnis

I. Werke Friedrich Georg Jüngers

- Aufmarsch des Nationalismus, hrsg. von Ernst Jünger, Berlin 1926.
- Besatzung 1945. In: Tobias Wimbauer (Hrsg.): Anarch im Widerspruch. Neue Beiträge zu Werk und Leben der Gebrüder Jünger. In: Das Luminar. Schriften zu Ernst und Friedrich Georg Jünger, Schnellroda 2004.
- Briefe aus Mondello 1930, Hamburg 1943.
- Dalmatinische Nacht. Erzählungen, Tübingen 1950.
- Das Fiasko der Bünde. In: Arminius. Kampfschrift für deutsche Nationalisten, 7. Jg., Nr. 41, 21. November 1926, S. 5 – 7.
- Das Weinberghaus, Hamburg o. J. [1947].
- Der Bombenschwindel. In: Widerstand. Zeitschrift für nationalrevolutionäre Politik, 4. Jg., Nr. 10, Oktober 1929, S. 291 – 295.
- Der entzauberte Berg, In: Der Tag vom 7. März 1928.
- Der Fährmann. In: Widerstand. Zeitschrift für nationalrevolutionäre Politik, 4. Jg., Nr. 5, Mai 1929, S. 139.
- Der Krieg, Berlin 1936.
- Der Missouri. Gedichte, Leipzig 1940.
- Der Pazifismus. Eine grundsätzliche Ausführung. In: Arminius. Kampfschrift für deutsche Nationalisten, 8 Jg., Nr. 36, 4. September 1927, S. 6 – 9.
- Der Pazifismus. Eine grundsätzliche Ausführung [Schluß]. In: Arminius. Kampfschrift für deutsche Nationalisten, 8. Jg., Nr. 37, 11. September 1927, S. 6 – 8.
- Der verkleidete Theseus. Ein Lustspiel in fünf Aufzügen. Berlin-Halensee 1934.
- Der Westwind. Ein Gedichtband, Frankfurt/Main 1946.
- Des roten Kampffliegers Ende. Manfred von Richthofen zum Gedächtnis. In: Der Vormarsch. Kampfschrift des deutschen Nationalismus, 1. Jg., Nr. 6, November 1927, S. 119 – 120.
- Deutsche Außenpolitik und Rußland. In: Arminius. Kampfschrift für deutsche Nationalisten, 8. Jg., Nr. 3, 16. Januar 1927, S. 4 - 7.
- Die Gesittung und das soziale „Drama". In: Die Standarte. Zeitschrift des neuen Nationalismus, 2. Jg., Nr. 3, 12. Juni 1927, S. 253 – 256.

- Die Innerlichkeit. In: Widerstand. Zeitschrift für nationalrevolutionäre Politik, 7 Jg., Heft 12, Dezember 1932, S. 362 – 363.
- Die Kampfbünde. In: Die Standarte. Wochenschrift des neuen Nationalismus, 1. Jg., Nr. 1, 1. April 1926, S. 8 – 11.
- Die Perfektion der Technik, Frankfurt/Main 1946. (2. Aufl. 1949 und 4. Aufl. 1953).
- Die Perlenschnur, Hamburg 1947.
- Die Schlacht. In: Der Vormarsch. Kampfschrift des deutschen Nationalismus, 2. Jg., Nr. 10, März 1929, S. 296 – 298.
- Die Silberdistelklause, Hamburg o. J. [1947].
- Die Titanen, Frankfurt/Main 1944.
- Dreikanter. In: Der Vormarsch. Kampfschrift des deutschen Nationalismus, 2. Jg., Nr. 1, Juni 1928, S. 16 – 18.
- Einleitung. In: Edmund Schultz (Hrsg.): Das Gesicht der Demokratie. Ein Bilderwerk zur Geschichte der deutschen Nachkriegszeit, Leipzig 1931, S. 1 – 24.
- E.T.A. Hoffmann. In: Widerstand. Zeitschrift für nationalrevolutionäre Politik, 9. Jg., Nr. 11, November 1934, S. 376 – 383.
- Gedichte, Berlin 1934.
- Gespräche, Frankfurt/Main 1948.
- Griechische Götter. Apollon – Pan – Dionysos, Frankfurt/M. 1943.
- Grüne Zweige. Ein Erinnerungsbuch, 2. Auflage, Stuttgart 1978 (1. Auflage: 1951).
- Kampf! In: Die Standarte. Wochenschrift des neuen Nationalismus, 1. Jg., Nr. 15, 8. Juli 1926, S. 342 – 343.
- Konstruktionen und Parallelen. In: Widerstand. Zeitschrift für nationalrevolutionäre Politik, 4. Jg., Nr. 6, Juni 1929, S. 177 – 181.
- Krieg und Krieger. In: Ernst Jünger (Hrsg.): Krieg und Krieger, Berlin 1930, S. 53 – 67.
- Maschine und Eigentum, Frankfurt/Main 1949.
- Nietzsche, Frankfurt/Main 1949.
- Nochmals: „Die Stillen im Lande". Rubrik Das Freie Wort. In: Die Neue Zeitung. Eine amerikanische Zeitung für die deutsche Bevölkerung, 9. September 1946, S. 7.
- Opium für Volk. In: Arminius. Kampfschrift für deutsche Nationalisten, 8. Jg., Nr. 28, 10. Juli 1927, S. 4 – 6.

- Orient und Okzident. Essays, Hamburg 1948.
- Revolution und Diktatur. In: Das Reich, 1 Jg., Nr. 1, Oktober 1939, S. 9 – 12.
- Ring der Jahre. Gedichte, Frankfurt/Main 1954.
- Spiegel der Jahre. Erinnerungen, 2. Auflage, Stuttgart 1980 (1. Auflage: 1958).
- Staat und Persönlichkeit. In: Arminius. Wochenschrift für deutsche Nationalisten, 7. Jg., Nr. 33, 5. September 1926, S. 1 – 2.
- Therese Neumann. In: Leipziger Neueste Nachrichten, Nr. 239, 27. August 1927, S. 16.
- Über das Komische, Berlin 1936.
- Über die Gleichheit. In: Widerstand. Zeitschrift für nationalrevolutionäre Politik, 9. Jg., Nr. 4, April 1934, S. 97 – 101.
- Über die Perfektion der Technik, Frankfurt/Main 1944 [erste Fassung des Buches ‚Die Perfektion der Technik', von der sich nur wenige Exemplare erhalten haben].
- Vom Geist des Krieges. In: Widerstand. Zeitschrift für nationalrevolutionäre Politik, 4. Jg., Nr. 8, August 1929, S. 225 – 230.
- Wahrheit und Wirklichkeit. Rückblick auf den Verfall der bürgerlichen Welt. In: Widerstand. Zeitschrift für nationalrevolutionäre Politik, 9. Jg., Nr. 5, 5. Mai 1934, S. 138 – 147.
- Wanderungen auf Rhodos, Hamburg 1943.

II. Weitere Literatur

Bahn, Peter: Die Hielscher-Legende. Eine panentheistische „Kirchen"-Gründung des 20. Jahrhunderts und ihre Fehldeutungen. In: Gnostika, Heft 19, 2001, S. 63 – 76.

ders.: Ernst Jünger und Friedrich Hielscher: Eine Freundschaft auf Distanz. In: Les Carnets Ernst Jünger, Nr. 6 (2001), S. 127 – 145.

ders.: Friedrich Hielscher 1902 – 1990. Einführung in Leben und Werk, Schnellbach 2004.

Berghahn, Volker: Der Stahlhelm. Bund der Frontsoldaten 1918 – 1935, Düsseldorf 1966.

Dupeux, Louise: „Nationalbolschewismus" in Deutschland 1919 – 1933. Kommunistische Strategien und konservative Dynamik, München 1985.

Fröschle, Ulrich: Friedrich Georg Jünger (1898–1977). Kommentiertes Verzeichnis seiner Schriften, Marbach/Neckar 1998.

ders.: Friedrich Georg Jünger und der „radikale Geist". Eine Fallstudie zum literarischen Radikalismus der Zwischenkriegszeit, Dresden 2008.

Geyer, Andreas: Friedrich Georg Jünger: Werk und Leben, Wien 2007.

Hielscher, Friedrich: Das Reich, Leipzig 1931.

ders.: Die Leitbriefe der Unabhängigen Freikirche, hrsg. und eingeleitet von Dr. Peter Bahn, Schwielowsee 2009.

ders.: Fünfzig Jahre unter Deutschen, Hamburg 1954.

ders.: Innerlichkeit und Staatskunst. In: Jahrbuch zur Konservativen Revolution 1994, Köln 1994, S. 335 – 338 [das Original erschien am 26. Dezember 1926 im ‚Arminius'].

Jünger, Ernst: Das Blut. In: Standarte. Wochenschrift des neuen Nationalismus, 29. April 1926. Nachgedruckt in: Sven Olaf Berggötz (Hrsg.): Ernst Jünger: Politische Publizistik 1919 bis 1933, S. 191 – 196.

ders.: Das Wäldchen 125. Eine Chronik aus den Grabenkämpfen 1918, Berlin 1925.

ders.: Der Arbeiter. Herrschaft und Gestalt, Hamburg 1932.

ders.: Der Friede. Ein Wort an die Jugend Europas und an die Jugend der Welt, Amsterdam 1946.

ders.: Der Frontsoldat und die wilhelminische Zeit. In: Die Standarte. Wochenschrift des neuen Nationalismus, 20. September 1925. Nachgedruckt in: Sven Olaf Berggötz (Hrsg.): Ernst Jünger: Politische Publizistik 1919 bis 1933, S. 78 – 85.

ders.: Der jungdeutsche Kritikaster. Arminius, 28. November 1926. Nachgedruckt in Sven Olaf Berggötz (Hrsg.): Ernst Jünger: Politische Publizistik 1919 bis 1933, S. 257 – 260.

ders.: Der Kampf als inneres Erlebnis, Berlin 1922.

ders.: Der Nationalismus der Tat. In: Arminius. Kampfschrift für deutsche Nationalisten, 21. November 1926. Nachgedruckt in: Sven Olaf Berggötz (Hrsg.): Ernst Jünger: Politische Publizistik 1919 bis 1933, S. 250 – 257.

ders.: Der Waldgang, Frankfurt/Main 1951.

ders.: Die Schicksalszeit. Arminius. Kampfschrift für deutsche Nationalisten, 2. Januar 1927. Nachgedruckt in: Sven Olaf Berggötz (Hrsg.): Ernst Jünger:

Politische Publizistik 1919 bis 1933, S. 275 – 280.

ders. (Hrsg.): Die Unvergessenen, Berlin 1928 [mit Beiträgen von Friedrich Georg Jünger über Otto Braun, Hermann Löns, Manfred von Richthofen, Gustav Sack, Albert Leo Schlageter, Maximilian von Spee und Georg Trakl].

ders.: Feuer und Blut. Ein kleiner Ausschnitt aus einer großen Schlacht, Magdeburg 1925.

ders.: In Stahlgewittern. Aus dem Tagebuch eines Stoßtruppführers, 14. Auflage, Berlin 1929 [1. Auflage: 1920].

ders.: Jahre der Okkupation, Stuttgart 1958.

ders.: „Nationalismus" und Nationalismus. In: Das Tagebuch, 21. September 1929. Nachgedruckt in: Sven Olaf Berggötz (Hrsg.): Ernst Jünger: Politische Publizistik 1919 bis 1933, 501 – 509.

ders.: Kasernenhöfe der Idee. In: Arminius. Kampfschrift für deutsche Nationalisten, 19. Dezember 1926. Nachgedruckt in: Sven Olaf Berggötz (Hrsg.): Politische Publizistik 1919 bis 1933, 270 – 274.

ders.: Sämtliche Werke. 18 Bände und 4 Supplementbände, Stuttgart 1978 – 2003.

ders.: Siebzig verweht III, Stuttgart 1993.

ders.: Strahlungen, Tübingen 1949.

ders.: Skizze moderner Gefechtsführung. In: Militär-Wochenblatt, 13. November 1920. Nachgedruckt in: Sven Olaf Berggötz (Hrsg.): Ernst Jünger: Politische Publizistik 1919 bis 1933, S. 14 – 18.

ders.: Was Herr Seldte sagen sollte … In: Arminius. Kampfschrift für deutsche Nationalisten, 12. Dezember 1926. Nachgedruckt in: Sven Olaf Berggötz (Hrsg.): Ernst Jünger: Politische Publizistik 1919 bis 1933, S. 264 – 270.

Jünger, Wolfgang: Kampf um Kautschuk, Leipzig 1940.

Kabermann, Friedrich: Widerstand und Entscheidung eines deutschen Revolutionärs. Leben und Denken von Ernst Niekisch, 2. Aufl., Koblenz 1993 [1. Aufl.: 1973].

Kaufmann, Erich: Kritik der neukantischen Rechtsphilosophie, Tübingen 1921.

Kiesel, Helmuth: Ernst Jünger. Die Biographie, München 2007.

„Krause": „Der verkleidete Theseus". Uraufführung in Frankfurt/Main. In: Frankfurter Zeitung, 30. November 1934.

Lokatis, Siegfried: „Die Hanseatische Verlagsanstalt: Politisches Buchmarketing im ‚Dritten Reich'." In: Archiv für Geschichte des Buchwesens, Bd. 38, 1992. S. 1–189.

Maaß, Sebastian: Die andere deutsche Revolution. Edgar Julius Jung und die metaphysischen Grundlagen der Konservativen Revolution, Kiel 2009.

ders.: Dritter Weg und wahrer Staat. Othmar Spann – Ideengeber der Konservativen Revolution, Kiel 2010.

ders.: Kämpfer um ein drittes Reich. Arthur Moeller van den Bruck und sein Kreis, Kiel 2010.

ders.: Starker Staat und Imperium Teutonicum. Wilhelm Stapel, Carl Schmitt und der Hamburger Kreis, Kiel 2011.

Mann, Thomas: Betrachtungen eines Unpolitischen, Berlin 1918.

ders.: Briefe 1889 – 1936. Herausgegeben von Erika Mann, Frankfurt/Main 1961.

ders.: Die Stellung Freuds in der modernen Geistesgeschichte. In: Adolf Josef Storfer (Hrsg.): Die psychoanalytische Bewegung, 1. Jg., Nr. 1, Mai/Juni 1929, S. 3 – 32.

ders.: Tagebücher 1933 – 1934, Frankfurt/Main 1977.

Moeller van den Bruck, Arthur: Das Recht der jungen Völker, München 1919.

Mohler, Armin (Hrsg.): Carl Schmitt – Briefwechsel mit einem seiner Schüler, Berlin 1995.

ders.: Die Konservative Revolution in Deutschland 1918 – 1932. Ein Handbuch, 5. Auflage, Graz 1999 [1. Aufl. 1950].

ders.: Die Konservative Revolution in Deutschland 1918 – 1932. Grundriß ihrer Weltanschauungen, Stuttgart 1950 [zugleich: Dissertation an der Universität Basel 1949].

ders. und Wiese, Benno von: Friedrich Georg Jünger zum 60. Geburtstag, 1. September 1958.

ders.: Ravensburger Tagebuch. Meine Zeit bei Ernst Jünger 1949/50, Wien 1999.

ders.: Wider die All-Gemeinheiten oder das Besondere ist das Wirkliche, Krefeld 1981.

ders. und Weißmann, Karlheinz: Die Konservative Revolution in Deutschland 1918 – 1932. Ein Handbuch, 6. völlig überarbeitete und erweiterte Auflage, Graz 2005.

ders.: Zum Tod von F.G. Jünger, Barrikaden gegen die Technik. In: Die Welt, 23. Juli 1977.

ders.: Von der Tat zur Gelassenheit. Konservatives Denken bei Martin Heidegger, Ernst Jünger und Friedrich Georg Jünger 1920 – 1960, Göttingen 2007.

Niekisch, Ernst: Die dritte imperiale Figur, Berlin 1935.
ders.: Entscheidung, Berlin 1930.
   ders.: Gewagtes Leben. Begegnungen und Begebnisse, Köln/Berlin 1958.
   ders.: Hitler. Ein deutsches Verhängnis, Berlin 1932.
   ders.: Politischer Chiliasmus. Zu Friedrich Hielschers „Reich". In: Widerstand. Zeitschrift für nationalrevolutionäre Politik, 6. Jg., Heft 10, 1931, S. 295 – 302.
Nolte, Ernst: Nietzsche und der Nietzscheanismus, Frankfurt/Main 1990.
Paetel, Karl O.: Nationalbolschewismus und nationalrevolutionäre Bewegungen in Deutschland. Geschichte, Ideologie, Personen, 2. Auflage, Schnellbach 1999 [1. Aufl. 1965].
   ders.: Versuchung oder Chance? Zur Geschichte des deutschen Nationalbolschewismus, Göttingen 1965.
Posse, Ernst: Die politischen Kampfbünde Deutschlands, 2. Aufl., Berlin 1931 [1. Aufl. 1930].
Rosenberg, Alfred: Nationalismus und Sozialismus. In: Arminius, 7. Jg., Nr. 37/38, 24./31 Oktober 1926, S. 20 – 23.
Sauermann, Uwe: Die Zeitschrift „Widerstand" und ihr Kreis. Die publizistische Entwicklung eines Organs des extremen Nationalismus und sein Wirkungsbereich in der politischen Kultur Deutschlands 1926 – 1934, Augsburg 1984.
Schauwecker, Franz: Der feurige Weg, Leipzig 1926.
Schmitt, Carl: Der Staat und die Bedeutung des Einzelnen, Tübingen 1914.
   ders.: Die geistesgeschichtliche Lage des heutigen Parlamentarismus, 8. Auflage, Berlin 1996 [1. Aufl. 1923].
Schwilk, Heimo: Ernst Jünger. Ein Jahrhundertleben. Die Biographie, München 2007.
Spengler, Oswald: Der Untergang des Abendlandes, 2 Bde., München/Wien 1918/22.
   ders.: Neubau des Deutschen Reiches, München 1924.
   ders.: Preußentum und Sozialismus, München 1920.
Speyer, Gerhard W.: Die Stillen im Lande. In: Die Neue Zeitung. Eine amerikanische Zeitung für die deutsche Bevölkerung, 23. August 1946.
Stapel, Wilhelm: „Kann ein Konservativer Gegner des Christentums sein?" In: Deutsches Pfarrerblatt, 1950, 51. Jg., S. 323 – 332.

Strack, Friedrich (Hrsg.): Titan Technik. Ernst und Friedrich Georg Jünger über das technische Zeitalter, Würzburg 2000.

Tommissen, Piet (Hrsg.): Schmittiana, Bd. 5, , Berlin 1996.

Waldstein, Thor von: Der Beutewert des Staates. Carl Schmitt und der Pluralismus, Graz 2008.

Werl, Gregor [Friedrich Georg Jünger]: Chaplin. In: Widerstand. Zeitschrift für nationalrevolutionäre Politik, 4. Jg., Nr. 1, Januar 1929, S. 15 – 19.

Wimbauer, Tobias: Kelche sind Körper. Der Hintergrund der „Erdbeeren in Burgunder"-Szene. In: Tobias Wimbauer (Hrsg.): Anarch im Widerspruch. Neue Beiträge zu Werk und Leben der Gebrüder Jünger, Schnellroda 2004, S. 23 – 69.

ÜBER DEN AUTOR

Sebastian Maaß (geb. 1981) studierte Geschichte, Politik- und Erziehungswissenschaften in Konstanz und Tübingen (Magister Artium 2009). Seine Forschungs- und Publikationsschwerpunkte bilden die Konservative Revolution der Zwanziger Jahre sowie die zeitgenössische Neue Rechte. Maaß' Arbeiten zu führenden Repräsentanten des politischen Denkens der Weimarer Republik sind beim Regin-Verlag im Rahmen der „Kieler Ideengeschichtlichen Studien" (KIGS) erschienen.

WERKE

Edgar Julius Jung und die metaphysischen Grundlagen der Konservativen Revolution, Kieler Ideengeschichtliche Studien, Bd. 1, Kiel (Regin-Verlag) 2009.
Kämpfer für ein drittes Reich. Arthur Moeller van den Bruck und sein Kreis, Kieler Ideengeschichtliche Studien, Bd. 2, Kiel (Regin-Verlag) 2010.
Dritter Weg und wahrer Staat. Othmar Spann – Ideengeber der Konservativen Revolution, Kieler Ideengeschichtliche Studien, Bd. 3, Kiel (Regin-Verlag) 2010.
Starker Staat und Imperium Teutonicum. Wilhelm Stapel, Carl Schmitt und der Hamburger Kreis, Kieler Ideengeschichtliche Studien, Bd. 4, Kiel (Regin-Verlag) 2011.
„Im Banne der Reichsrenaissance". Gespräch mit Hans-Dietrich Sander, Ad Rem, Bd. 1, Kiel (Regin-Verlag) 2011.
„Verräter schlafen nicht". Gespräch mit Günter Maschke, Ad Rem, Bd. 2, Kiel (Regin-Verlag) 2011.

Weitere Veröffentlichungen im Telesma-Verlag

Dichtung

Rolf Schilling: *Lingaraja*. Treuenbrietzen 2012, geb. mit Schutzumschlag, 318 S.
ISBN 978-3-941094-06-2, 19,80 €

Alfred Schuler: *Gesammelte Werke*, hrsg., kommentiert und eingeleitet von Baal Müller, München 2007, Hardcover, zahlreiche Abb., 644 S.
ISBN 978-3-9810057-4-5, 62,- €

Anton Aigner: *Flächenspannung* – Gedichte. Mit CD. Gelesen von Anton Aigner, musikalisch begleitet von Tobias Kleinert. Schwielowsee 2011, Klappenbroschur, 46 Seiten.
ISBN 978-3-941094-04-8, 16,80 €

Philosophie und Literaturwissenschaft

Baal Müller: *Kosmik – Prozeßontologie und temporale Poetik bei Ludwig Klages und Alfred Schuler: Zur Philosophie und Dichtung der Schwabinger Kosmischen Runde*, München 2007, Hardcover, 416 S.
ISBN 978-3-9810057-3-8, 49,80 €

Karl-Heinz Schuler: *Alfred Schuler Bibliographie*, München 2006, broschiert, 180 S.
ISBN 978-3-9810057-2-1, 24,80 €

Reinhard Falter: *Natur prägt Kultur – Der Einfluß von Landschaft und Klima auf den Menschen: Zur Geschichte der Geophilosophie*, München 2006, Hardcover, 608 S.
ISBN 978-3-9810057-1-4, 69,80 €

Religion

Friedrich Hielscher: *Die Leitbriefe der Unabhängigen Freikirche* mit einer Einführung herausgeben von Dr. Peter Bahn, Schwielowsee 2009, Klappenbroschur, 108 S.
ISBN 978-3-941094-02-4, 19,95 €

Psychologie

Gerhard Wehr: *Carl Gustav Jung. Leben – Werk – Wirkung*, Schwielowsee 2009, geb. mit Schutzumschlag, 512 S.
ISBN 978-3-941094-01-7, 29,95 €